叢書人物傳記資料類編

仕宦卷

本社影印室编

3

國家圖書館出版社

第三冊目錄

(清)胡長新輯

忠烈編

四卷

三忠合刻本

同治壬戌秋

忠[illegible]人編

黎郡新鐫

目錄

卷之二

詩二首　奏疏八篇

檄文一道　小劄二首

書三首附原書三首　碑記二篇

鄉墨三篇　制藝二篇

卷之四

後人題詠何本作者六十八人詩共八十首陳本增二十三人詩共二十九首新採三十三人

詩共四十三首後得佚續　贊

額聯　校刊跋

右何氏與陳氏所輯俱爲一編簡袠重大頗以類

聯爰乃部居分別略可得而言焉清源肇閥異姓
而王澤流苗裔褒贈中湘焯焯　國史典策有光
年紀方志本末具詳爲第一卷所以昭譜乘也稗
官私家頗多紀實追哀尚論人各譔述建祠封墓
遞有藏筆用表名賢永勿散軼爲第二卷所以備
記載也太上不朽匪第立言歌傳正氣萬古常存
文章足貴道義爲根無曰雕蟲重若璠璵爲第三
卷所以存著作也忠孝大節彝好攸同風雅揚扢
桑梓敬恭後生可畏先民有作以俟輶軒觀風奚

若爲第四卷所以採歌詠也嗟好古之已晚遠不
逮乎前聞粤以元黓厲相肆蒐討而勤勤惟冰巉
與雪黯乃就緒乎絲棼後之覽者亦將有感於斯
文大寒後十日胡長新識

序

陳思王有云：功名不可爲，節義我所安。二者之不可得兼，其勢然也。爲人臣者，不幸當板蕩之時，能明目張膽，捐軀報國，斯其志亦可無愧於天下。然余嘗求古仁人之用心，往往殫智竭力於流離奔命之際，若甚愛其一死者，抑又何也？毋亦其所挾者甚大，而其志甚遠，其視一死不足以塞責歟？如雲從何公，非其人乎？當明之末季，金陵陷歿，閩亦敗亡，上之不能如江左之偏安，下之不能如西蜀之恃險，此誠可爲節義不可爲功名時也；而公守空城，伸大義號召十三大鎮，軍聲頓振。欲以一身收拾已散之人心，挽回欲絕之天命。嗚呼，何其壯也！其後　大清兵入長沙，公竭蹶衡永間，屢戰屢敗，而其志不屈，此眞所謂鞠躬盡瘁，死而後已者。視唐之睢陽、宋之文山，豈有二哉？公歿近百年，公之姪曾孫琮不憚千里跋涉，往尋其祖籍之在山陰者，得公傳以歸，將授梓以惠黔人，是亦孝子慈孫矣。噫！公之不得以功名終，而以節義顯者，天也。余恐世之讀公傳者，僅目爲死事之臣，而不知其用心之所在，故具論列之。知此

康熙六十一年壬寅歲應鐘月安平後學陳法拜撰

校刊忠烈編序

壬戌之秋，余與同志謀刻忠烈編，覓訂編校，卒卒未遑閱。仲冬工將竣，諸君約往祭告何公墓下，既成禮，余周覽牆垣廬舍，慨然曰：此益陽胡潤芝中丞之所創為者也。事甫十年，而中丞已作古人矣。往歲癸丑，中丞方由黎平守奉檄治兵在烏沙捕賊，夏六月以事詣省垣，余時為貴陽校官，趨謁公於黔明寺，酌酒命談，從容及公在黎修忠誠墓，為百年所僅見。公曰：此守土責耳，然子郡風氣近樸，不奢不淫，益以鄉先生忠義為勖，尚足以追末劫乎？客有雜語時事者，公慷慨激烈，鬚眉怒張，余曰：天下大事，公誠可任西南保障，人心屬向久矣。某黎人，知慕何公，竊願有所仰望也。未幾，公旋鎮遠，是秋，余值母憂歸里，及冬聞公奉調楚北剿賊矣。後屢致書黎郡當事，謂忠誠故鄉，當必有人物足爲時用，蓋公留意人才，並拳拳舊治，弗能忘也。甲寅黔中兵起，乙卯丙辰，黎郡遂遭變亂，越戊己庚辛，苗匪粵逆疊次圍攻郡城，瀕危者數矣。文武官吏嬰城固守，士民俱誓死登陴，每當兵單餉匱，外寇內訌，危迫旦夕，人心皆曰：此忠誠故鄉也。何公在天之靈，其默庇矣乎？幸而果邀

天佑、城危復安。蓋九死一生、以至於今也。余服闋補銅仁
教授、以留襄防務、未即供職。今得與諸君商榷釐訂校刻
忠烈一編、誠欲藉何公忠義之氣、與吾郡人士相激發、亦
猶中丞之志也。中丞在楚北血戰數年、晉秩　宮保、去秋
八月卒於位。吾郡方呈請題祀名宦、回憶省垣趨侍時、公
慷慨激烈、意欲爲忠誠事業、究之封疆完固、以功名終。
朝廷念恤勤勞
錫謚文忠入祀賢良祠、則中丞遭逢之幸也。嗚呼、中丞之
修墓表忠所以尊禮前賢爲後來者勸耳今諸君比意同

力俾百年未刻之書傳播遠邇而忠誠公大節文章光昭史册者自是家有其書皆知仰慕忠烈庶稍盡鄉子弟之責乎彭生應珠謂刻成余不可無序是書緣起前人言之詳矣兹就舊本重加編次亦何敢以蠡測之私妄爲纇議哉是日拜墓歸因書此以爲之序時同治元年歲次壬戌十一月之朔有八日里人胡長新謹譔

敘

中湘王何公吾郡偉人也大節光天壤忠貞亙宇宙我聖祖仁皇帝　命儒臣纂修明史旌死社稷之臣太史諸公曾大書特書矣後生小子亦復何言雖然炯同里人也耳食父老傳聞久知公之志卓絕不凡而捐軀殉國其致命無非遂志先是吾鄉朱公萬年守萊賊入寇朱公率萊民堅守當事議撫出城罵賊而亡公聞之喟然曰此等好事他人竟先為之乎志可知矣故丁明運式微艱難萬狀銳志恢復晝夜調兵思一旅以中興甯萬死而不避卒之

所志不遂天也於人何尤吾觀古今來前後遭際不同而純臣之志趣則一當其盛也拜稽一堂賡歌壽起則皋益遇其隆諸如周公之誦文謨君奭之咏眷阿皆是志也當其衰也奮不顧身有死無二則逄比遇其艱諸如武穆之身死權奸三閭之懷石投水皆是志也若其挽衰而之盛沈晦以免禍保身以濟君甯俞實爲之厥後狄梁公之反周爲唐郭汾陽之克復二京則其志同不幸而終衰鞠躬盡瘁死而後已武侯實爲之厥後睢陽之厲鬼殺賊文山之顛沛受刑則其志一公有明文山也其對桂王曰寧使

臣爲郭汾陽毋使臣爲文天祥嗚呼此可覩矣我
朝嘉其忠屢以書招許歸則同富貴否則禍及其身而公
復書明志竟不可奪已而被執七日不食僅飲湘水上流
一杯其致命於大埠橋也微雨初過以袖拂巾惓懷明祚
而哀吟不輟嗚呼何其從容如是謂非素所蘊蓄而能然
哉事聞於朝永明王勅贈以中湘文忠王文烈公以與字
儀之贈汾陽岳飛之贈武穆後先同一轍也昔史遷謂正
則曰推此志也雖與日月爭光可也吾於何公亦云吾鄉
迭遭兵燹郡乘無存僅得之二三父老傳聞而其失者已

多越數十年公之姪曾孫琮者郡庠生也安貧自守痛追
公之忠節欲闡揚祖父之志走越走吳搜羅當世名公諸
紀載彙爲傳記以示後因問敘於余余後生末學何足以
悉因其所聞者而歎公之矢志昭揭萬古宜與宋之文山
同時之可法並峙而三矣又豈獨吾鄉之偉望也哉因是
爲之敘時雍正三年乙巳歲季冬月同里後學山西鳳臺
縣知縣趙炯維遠氏謹題於讀書樓

原序

間嘗披覽史冊慨人臣之遇合不同盛世則扶明君治天下以禮樂開千百年不易之規模勳垂竹帛爲一代之功臣若伊尹太公是也衰世則挽天下以兵戈成億萬載不磨之節義捐軀報國作一代之忠臣若睢陽文山是也茲二者雖其所遇不同而其用心則一也我叔曾祖守湘王生明之末季起家鄉薦仕至督師閣部受命於顛沛流離之時無奈大厦將頹難支一木乃以一身任二百七十餘年綱常之重從容就義盡節楚湘不與睢陽文山後先同

一轍哉公殉難於順治之己丑歸葬於康熙之丙辰乃未幾而蔓草荒烟傷心慘目庚辰八月爰約族人備述殉節情狀呈於郡守何公以修墓爲請越月而工成刻銘於石豎表於前至是而公靈始妥焉其後二十年琮往山陰晉謁祖廟得諸名公傳記彙成忠烈一編夫而後公之孤忠大節益昭垂於天壤嗚呼公亦天下人傑也哉琮等宗族不敢私公爲祖考也蘇文正公有云賢人君子天之所以遺斯民天下之所共有而人乃私之以爲榮過矣夫公道之繫屬人心而不可泯滅者久而彌彰遠而愈篤向使我

公優游泉石又安能殲虜大節炳煥史册於不朽耶楊子云世亂雖聖哲馳騖而不足世治將庸材高枕而有餘故時危見節世亂識忠以彼其才展抒之不足則激而爲忠烈之行所爲至難而最苦者也然公已往矣身騎箕尾氣壯山河患難一時綱常萬古與睢陽文山後先輝映誠有不待生而存不隨死而亡者吾族後人正宜考公之行繼公之志勉爲忠孝以冀繩其祖武我公亦可含笑於九京矣乎時康熙六十一年歲次壬寅大呂月姪曾孫琮謹

京兆尹時諫議大夫十一年[illegible]夏以[illegible]大理[illegible]月在官[illegible]

鑑公付試[illegible]記錄[illegible]以籌編其而[illegible]成其公亦可合失[illegible]

有不若生而行木[illegible]死而亡者[illegible]猶後人正直若公之行

進[illegible]思難一時當常為古社詩律陽文山後[illegible]敗論

訓[illegible]行所為主[illegible]而最詩告於公已往矣身為其[illegible]

門[illegible]見而世亂志已以安其才識于之不足則徵而為造

任也亂難與古為而不足世治將庸材高據而有餘

公處[illegible]

黎平何瑩庵　　　　胡長新子何重輯

貴筑陳冠山先生原本　黎平　受業彭應珠靈淵校

何氏世系　　　　二十七世孫何琮瑩庵

何氏世居河南懷慶府。自始祖執中公起於宋朝徽宗時。由賜進士官拜中書右僕射。因金人寇亂。徽欽二宗北狩。扶高宗南渡。留於浙江處州府龍泉縣之新嘉里。累官金紫光祿大夫、太宰。封榮國公。以太傅致仕。賜太師。追封清源郡王。謚文獻。執中。伯通生志同。尚友志同生祿。世廷祿生亮。仲明

亮生栗。汝溫栗生俊義。志仁俊義生穆。士寧穆生嵩。士岳嵩生基。平叔

基爲宋名儒贈婺州處士。原註出綱鑑基生禮。孔明禮生瑄。元器瑄

生采。良三於元武宗至大三年徙紹興府山陰縣之迎恩鄉。

喜其風土。卜居峽山。采生英。仲傑英生克忠。允執克忠生宗政。

士禮宗政生八子第五文希。天球我始祖也。生誠。莊齋誠緣事徙於

湖廣之五開衞。原註今改開泰縣子孫遂家焉。誠生銘。玉盤銘生勝

定邦又生望。勝生裕。後昆裕生綱。子常綱次子志清。聖瑞志清生三

子。鳳衢鳳衡。翔宇東鳳。鳴宇鳳衡生起蛟。雲龍東鳳生騰蛟。雲從郎

友烈公也。新按編年紀略載志清子二鳳衡東鳳何氏族譜世系圖亦未列鳳然譜又稱鳳衡爲志清仲子東鳳爲季子或鳳衢早逝故略之歟

　總裁官大學士張廷玉等

何騰蛟字雲從貴州黎平衛人天啟元年舉於鄉崇禎中授南陽知縣地四達賊出沒其間數被挫去已從巡撫陳必謙破賊安臯山斬首四百餘級又討平土寇益知名遷兵部主事進員外郎出爲懷來兵備僉事調口北道才諝精敏所在見稱遭母憂巡撫劉永祚薦其賢乞奪情任事騰蛟不可固辭歸服除起淮徐兵備僉事討平土寇部內晏然十六年冬拜右僉都御史代王聚奎巡撫湖廣時湖北地盡失止存武昌屯左良玉大軍軍橫甚騰蛟與良玉

交歡。得相安。明年春。遣將惠登相毛憲文復德安隨州。五月福王立。詔至。良玉駐漢陽。其部下有異議。不欲開讀。騰蛟曰。社稷安危繫此一舉。倘不奉詔。吾以死殉之。抵良玉所。而良玉已聽正紀盧鼎言開讀如禮。正紀者。良玉所置官名也。八月。福王命加騰蛟兵部右侍郎、兼撫湖南。代李乾德。尋以故官總督湖廣四川雲南貴州廣西軍務。召總督楊鶚還。明年三月。南京有北來太子事。中外以爲眞。朝臣皆曰僞。騰蛟力言不可殺。與當國者大忤。無何、良玉舉兵反。邀騰蛟偕行。不可。則盡殺城中人以劫之。士民爭匿其署中。騰蛟坐大門縱之入。良玉再破垣舉火避難者悉焚死。騰蛟急解印付家人令速走。將自到爲良玉部將擁去。良玉欲與同舟。不從、乃置之別舟。以副將四人守之。舟次漢陽門。乘間躍入江水。四人懼誅。亦赴水。騰蛟漂十餘里。瀕舟救之起。則漢前將軍關壯繆侯廟前也。家人懷印者亦至。相視大驚。覓漁舟忽不見。遠近謂騰蛟忠誠得神佑。益歸心焉。騰蛟乃從寧州轉瀏陽抵長沙。集諸屬吏堵胤錫傅上瑞嚴起恒章曠周大啟吳晉錫等痛哭盟誓。分士馬、舟艦、糗糧、各任其一。命允錫攝湖北巡撫。上瑞攝湖南

巡撫曠爲總督監軍大畝提督學政起恒故衡永道即督
二郡軍食晉錫以長沙推官攝郴桂道事即遣曠調副將
黄朝宣張先璧劉承允兵朝宣自燕子窩先璧自溆浦承
允自武岡先後至兵勢稍振而是時艮玉巳死

順治二年五月

大兵下南都唐王聿鍵自立於福州王居南陽時素知騰
蛟賢委任益至李自成斃於九宫山其將劉體仁郝摇旗
等以衆無主議歸騰蛟率四五萬人驟入湘陰距長沙百
餘里城中人不知其來歸也懼甚朝宣即引兵還燕子窩

上瑞請騰蛟出避騰蛟曰死於左死於賊一也何避爲長
沙知府周二南請往偵之以千人護行賊謂其迎敵也射
殺之從行者盡死城中益懼士女悉竄騰蛟與曠謀遣部
將萬大鵬等二人往撫賊見止二騎迎入演武場飲之酒
二人不交一言與痛飲飲畢賊問來意答言督師以湘陰
褊小不足容大軍請卽移長沙因致騰蛟手書召之曰公
等歸朝誓永保富貴搖旂等大喜與大鵬至長沙騰蛟開
誠撫慰宴飲盡歡犒從官牛酒命先壁以卒三萬馳射旌
旗蔽天搖旂等大悅招其黨袁宗第藺養成王進才牛有

勇皆來歸驟增兵十餘萬聲威大震未幾自成將李錦高必正擁衆數十萬逼常德騰蛟令允錫撫降之置之荆州錦自成從子後賜名赤心必正則自成妻高氏弟也高氏語錦曰汝願爲無賴賊抑願爲大將邪錦曰何謂也曰爲賊無論旣以身許國當愛民愛主將節制有死無二吾所願也錦曰諾騰蛟慮錦跋扈他日過其營請見高氏再拜執禮恭高氏悅戒其子毋忘何公錦自是無異志自成亂天下二十年陷帝都覆廟社其衆數十萬悉歸騰蛟而騰蛟上疏但言元兇已除稍洩神人憤宜告謝郊廟卒不言

以功膺太子太師東閣大學士兼兵部尚書封定興伯仍督師而疑自成死未實騰蛟言自成定死身首已糜爛不敢居功因固辭封爵不允令規取江西及南都當是時降卒既眾騰蛟欲以舊軍參之乃題授朝宣先璧為總兵官與承允赤心郝永忠宗第進才及董英馬進忠馬士秀曹志建王允成盧鼎並開鎮湖南北時所謂十三鎮者也永忠即搖旗英騰蛟中軍志建則故巡撫劉熙祚中軍餘皆良玉舊將也騰蛟銳意東下拜表出師明年正月與監軍御史李膺品先赴湘陰期大會岳州先璧逗遛諸營亦

觀望獨赤心自湖北至爲
大兵所敗而還諸鎮兵遂罷騰蛟威望由此損時諸將皆
驕且貪殘朝宣尤甚劫人而剝其皮永忠效之殺民無虛
日騰蛟不能制故總督楊鶚者尅餉失軍心至是復夤緣
爲偏沅總督騰蛟以爲言乃召鶚還王數議出關爲鄭氏
所阻騰蛟屢請幸贛協力取江西王遣使徵兵騰蛟發永忠
精騎五千往永忠不肯前五月始抵郴州會
大兵破汀州聿鍵被執死贛州亦失騰蛟聞王死大慟爲
兵保境如平時已聞永明王立乃稍自安王尋以騰蛟爲

武英殿大學士加太子太保王進才故守益陽聞
大兵漸逼還長沙四年春進才揚言乏餉大掠并及湘陰
適
大兵至長沙進才走湖北騰蛟不能守單騎走衡州長沙
湘陰並失盧鼎時守衡州而先璧兵突至大掠鼎不能抗
走永州先璧遂挾騰蛟走祁陽又間道走辰州騰蛟脫還
走永州甫至鼎部將復大掠鼎走道州騰蛟與侍郎嚴起
恒走白牙市
大兵遂下衡永初騰蛟建十三鎮以衛長沙至是皆自爲

盜賊

大兵入衡州下將黃朝宣降數其罪支解之遠近大快

大清以一知府守永州副將周金湯瞷城虛夜鼓譟而登

知府出走金湯遂入永六月騰蛟在白牙市密遣中使告

以劉承允罪令入武岡除之騰蛟乃走謁王王及太后皆

召見承允由小校以騰蛟薦至大將已漸倨騰蛟在長沙

徵其兵承允大怒言先調朝宣先壁軍皆負嚬親行今乃

折箠使我遂馳至黎平執騰蛟子索餉數萬子走訴騰蛟

騰蛟遣嚬行承允乃以衆至騰蛟爲請於王得封定蠻伯

且與爲姻承允益驕至是僭安國公勳上柱國賜尚方劍
益坐大忌騰蛟出己上欲奪其權請用爲戶部尚書專領
餉務王不許王召騰蛟圖承允騰蛟無兵命以雲南援將
趙印選胡一青兵隸之及辭朝賜銀幣命廷臣郊餞承允
伏千騎襲騰蛟印選卒力戰盡殲之騰蛟乃還駐白牙八
月
大兵破武岡承允降王走靖州又走柳州時常德寶慶已
失永亦再失王將返桂林而城中止焦璉軍騰蛟率印選
一青八爲助而南安侯郝永忠擁衆萬餘至與璉兵欲

鬭會宜章伯盧鼎兵亦至騰蛟爲調劑桂林以安乃遣璉
永忠鼎印選一青分扼興安靈川永寧義寧諸州縣十一
月
大兵逼全州騰蛟督五將合禦五年正月王居桂林加騰
蛟太師進爵爲侯子孫世襲二月
大兵破全州至興安永忠兵大潰奔桂林逼王西巡兵大
掠騰蛟自永福至
大兵知桂林有變直抵北門騰蛟督璉一青等分三門拒
守

大兵乃還全州會金聲桓李成棟叛
大清以兵附
大兵在湖南者姑退騰蛟遂取全州復遣保昌侯曹志建
宣章侯盧鼎新興侯焦璉新寧侯趙印選攻永州圍城三
月大小三十六戰十一月朔克之未幾監軍御史余鯤起
職方主事李甲春取寶慶諸將亦取衡州馬進忠取常德
所失地多復騰蛟議進兵長沙會督師堵允錫惡進忠招
忠貞營李赤心軍自夔州至令進忠讓常德與之進忠大
怒盡驅居民出城焚廬舍走武岡寶慶守將王進才亦棄

城走他守將皆潰赤心等所至皆空城旋棄走東趨長沙
騰蛟時駐衡州大駭六年正月檄進忠由益陽出長沙期
諸將畢會而親詣忠貞營邀赤心入衡部下卒六千人懼
忠貞營掩襲不護行止攜吏卒三十人往將至聞其軍已
東即尾之至湘潭湘潭空城也赤心不守而去騰蛟乃入
居之
大兵知騰蛟入空城遣將徐勇引軍入勇騰蛟舊部將也
率其卒羅拜勸騰蛟降騰蛟大叱勇遂擁之去絕食七日
乃殺之永明王聞之哀悼賜祭者九贈中湘王謚文烈官

其子交瑞僉都御史

贊曰何騰蛟瞿式耜崎嶇危難之中介然以艱貞自守雖其設施經畫未能一覩厥效要亦時勢使然其於鞠躬盡瘁之操無少虧損固未可以是爲訾議也夫節義必窮而後見如二人之竭力致死靡有二心所謂百折不回者矣明代二百七十餘年養士之報其在斯乎其在斯乎

勝朝殉節諸臣錄

何騰蛟恚切持危情堅報主艱難百戰終始一心合謚忠誠

先文烈公編年紀略

姪曾孫何琮懷赤榮庵

公諱騰蛟字雲從貴州黎平府人宋清源郡王二十三世孫也曾王父綱贈光祿大夫王父志清明嘉靖間歲貢任四川夔州府開縣主簿有異鳥之瑞生子二長鳳衡生起蛟次東鳳即公父也以萬歷二十年壬辰歲生公公誕之日忽雙鯉飛入俄失所在人傳以爲井裏神魚化生東鳳萬歷間歲貢任雲南楚雄府新興州學正告歸設教隆里公隨膝下一日問書不解父怒以硯擊其首且責之曰予不受教擊死無悔其庭訓之嚴類如此公乃奮志不懈補

博士弟子員歲試拔前茅秋闈見抑越次考以語傷時置
公四等公父聞大怒公母廖太夫人陰使人報知令勿歸
乃潛於書賈李靜溪寓時堂兄起蛟以孝廉任四川成都
府內江縣知縣公詣舅氏稱貸走兄任所起蛟詢其故責
令門守者後不與會以百中經一卷錢一貫遺之公慙而
歸途屏跡於郡郭外之南泉山天香閣矢維翰磨鐵志一
日省親還山房値巨蛇當道公舉足越之蛇即鞠身向上
公曰吾豈向爾腹底過耶蛇走避之其膽壯如此

天啓元年辛酉貴州鄉試公告之資者鄭獨首入之至靜

溪麻囊以贈及赴試歌鹿鳴而歸初任榆次縣教諭次任

山西介休縣知縣調繁汾陽縣丁母憂

崇禎九年丙子補河南南陽知縣其地爲羣盜出入公戰守有法賊來輒挫又從巡撫陳必謙破賊於安阜山下斬首四百餘級由是知名未幾境內陳肖宇王道善張方造猖獗公以單騎往撫降之

崇禎十一年戊寅行取京都大興令晉兵部職方主事轉員外郎中

崇禎十二年己卯秋出爲徐淮兵備僉事未及任復調山

西口北道公才諝精敏所至見稱

崇禎十三年庚辰爲督部史可法首薦遭外艱巡撫劉永祚亦薦其賢乞奪情任事公不可力辭而歸

崇禎十五年壬午服闋起鄖陽軍門

崇禎十六年癸未三月閣臣奏部臣張伯恭袖出南樞臣史可法札云何騰蛟甚有邊才亦爲左帥敬服襲厰有功超拜右僉都御史代王聚奎巡撫沔陽是時湖北已失僅存武昌一郡左良玉大軍屯之素無紀律亦卒橫甚人勸公勿往公曰國家養士設官原以救傾危之急當立千萬

年不朽之功今日偷生畏死豈人臣之職乎遂慷慨赴任日蠹弊邊事利害不問也而良玉亦服公威望傾心接納焉

崇禎十七年甲申春遣將惠登相毛憲文恢復德安府及隨州三月十九日闖賊陷京師莊烈帝崩是年

大清始入爲順治元年夏五月馬士英等挾福王即位於南都號宏光六月頒詔至楚時良玉駐漢陽府其部下有異志不欲開讀公曰社稷安危係此一舉倘不奉詔吾當以死殉之持一劒往赴而良玉正紀盧鼎原註正紀良玉所設官名力

陳禍福乃開讀如禮是月公疏陳本省殉難紳士陳良謨鼓舞死義請旨優恤等語秋八月福王命加公兵部右侍郎兼撫湖南代李乾德冬十一月命公以原官總督湖廣四川雲貴廣西軍務詔總督楊鶚還公集諸漢土官兵開白帝之路提荆襄之衝

順治二年乙酉（福王稱宏光元年）春三月南京有北來太子事稱懷宗之子中外洶洶公力言不可遽殺與左良玉黄澍等文武二十七八連名上疏爲逆輔蔑制無君云云覬二寧南侯左良玉跋扈欲擁兵入朝以誅馬阮清君側公曰旨

意未下而興兵犯闕是欺君也公乃單名上疏略曰太子到南云云缺三良玉聞不允所奏遂舉兵東下邀公偕行不許則盡殺城中人以劫之士民以公仁愛爭奔入署公坐堂上縱之入流矢飛集几案公無懼色良玉令破垣舉火避難者悉焚死公急解印付家人何勸令速走公欲自刎時良玉部將已至公仰天歎曰吾死矣左將擁之而去良玉欲與同舟不從乃置之別舟以四裨將守之明日次漢陽門行四十里至楊邏鎮竹牌門公罵曰吾封疆大臣受國家重任豈肯相從作亂耶乘間躍入江中左之四將

懼罪同溺水死公漂逆流自竹簰門至漢陽門數十里不沈氣垂盡爲漁者所救得不死起至關壯繆侯廟前適家人懷印亦至公見而異之且驚且喜曰何天之相助我耶回覓漁舟忽不見於是標將熊朝佐及士卒聞公在稍稍來集遠近相傳謂公入水浮沈三晝夜有大黿負之登岸以公忠誠得神助故人心益歸公乃從寧州入瀏陽由大治通山之間抵長沙聚集諸監司郡佐督學道堵允錫長沙道傅上瑞副使嚴起恆沔陽知州章曠及周大啟吳晉錫等公痛哭謂諸屬吏曰國家不幸至此諸君皆王佐才

嘗與社稷生民爲重同心協力以圖恢復堵允錫曰我輩皆受朝廷高爵厚祿敢不盡瘁致身公遂與衆盟誓分土爲舟艦糗糧各任其一題授允錫爲湖北巡撫上瑞爲湖南巡撫曠爲總督監軍大啟提督學政起亙故衡永道卽督二郡軍食晉錫以長沙推官攝郴桂道事文武將校各任有差六月公上疏爲內變一時突起云云疏見三卷公遣使上疏而文武部署旣定卽遣章曠持布檄出師檄文見三卷時黃朝宣自燕子窩張先璧自溆浦劉承允自武岡諸鎮之兵陸續俱至兵勢稍振初左兵東下甫浹日闖寇十餘萬

自陝入楚掠漢武而東銜左兵之尾　大兵追闖者又數
萬水陸蹕至計荆河至皖城凡數千里日接陣格鬭紛挐
散走至四月良玉與黃得功大戰於蕪湖之荻港後數日
良玉死其子夢庚以兵降　大清五月　大兵下南都金
陵陷福王崩是時闖賊被追大雨四十日百川漲溢尸積
成邱闖六月唐王聿鍵卽位於福建之福州號隆武是日
郊天大風猝起拔木揚沙玉璽墜地缺一角人咸異之時
福州爲天興府唐王居南陽時素知公賢委任益至秋八
月抑公督師九月李自成爲　大清兵所敗公探知變於

辰州黔陽界羅公山長新按明史載李自成斃於通城縣之九宮山此云羅公山係出野乘傳聞姑存其說其部下劉體純郝搖旗原註後名承忠謂衆曰吾主不知何往恐大事難成我等日事劫掠終非遠大之計今聞何公在長沙易往歸之衆應曰將軍高見誰不恪遵遂擁衆五萬驟入湘陰距長沙百餘里城中士民不知其來歸謂甚時黃朝宣引兵還燕子窩傳上瑞請公出避公責之曰是何言也身係王臣惟上所命今國家多事之秋正臣子盡瘁之日况吾與若封疆大臣誓同存亡何避之有卽委長沙知府周二南往探之以千餘人護行賊謂其迎敵也

射殺之從行者死過半城中益懼士女逃竄公遣部將萬大鵬領數騎往撫賊見不數騎迎入演武廳置宴歡飲大鵬膽氣壯甚賊畏其雄偉語之曰將軍能再飲乎大鵬不辭賊問來意答曰督師何公以湘陰褊小不足以容大軍請移星沙但不知潋來意衆曰我等從闖王起兵望成大業永幸富貴不幸至此欲棄暗投明不知何公肯容納否答曰何公推誠置腹何所不容若輩誠心來歸當不僅封侯食邑而富貴可永保矣賊大喜遂邀大鵬角藝大鵬雅精騎射逕中數矢衆咸服與之壇帷飲血以五萬兵來歸

公開誠撫慰宴飲盡歡犒賞軍卒牛酒命先壁以精兵三萬耀武旌旗蔽天搖旗等大悅乃招其黨袁宗第藺養成王進才牛有勇合衆來歸公並納之遂增師旅十餘萬威聲大振未幾諜報自成兄子李錦（原諱初名過號一隻虎後改名赤心）與自成妻舅高必正就堵允錫之招而諸驍騎咸詣公公以荆州安置之高氏語錦曰汝願爲無賴賊抑願爲大將耶錦曰何謂也曰爲賊固無論旣以身許國當受主將節制愛惜其民有死無二吾所願也錦曰諾公慮錦跋扈他日過其營請見高氏公再拜執禮恭高氏悅誠其子無忘何公

錫自是無異志初闖賊之梟張也十餘年至陷帝都覆廟社後 大清定鼎闖賊敗没餘黨十餘萬悉降何公一時驚爲異事公上疏略無自矜之意唐王大喜拜東閣大學士兼兵部尚書晉太子太保封定興伯仍督師賜蟒玉尚方便宜行事璽綸褒五代焉又賜白金二百兩采幣八表裏敕命先復江西次復南都當日降兵既衆公欲以舊軍參之乃題授黃朝宣張先璧爲總兵官與劉承允李赤心郝永忠袁宗第王進才及董英馬進忠馬士秀曹志建王允成盧鼎並開鎮湖南湖北當時號爲十三大鎮英公之

中軍志建則故巡撫劉熙祚中軍餘皆良玉舊將也兵將旣集公決意東下拜表出師

順治三年丙戌（唐王稱隆武元年）春正月朔二日公與監軍御史李膺品先赴湘陰期大會於岳州及戰於湘陰戰於藤溪頗捷加永忠爲恢勦左將軍先璧爲恢勦右將軍於是江楚之間結砦固守二月駐建寧公與江右楊廷麟俱上疏迎唐王又調廣西土弁覃遇春帥狼兵三千大發全師下武岳以及江西之袁吉憾先璧逗留不前諸營遂皆觀望獨赤心自湖北至以勢孤爲　大兵所敗而還諸鎭之兵

皆罷後改檄先璧出茶陵復吉安出醴陵復袁州志建出桂陽援贛州獨志建行餘皆頓兵不動時諸將皆驕蹇貪殘而朝宣尤甚至剝人而剝其皮承忠效之殺平民無虛日志建旣抵贛聞吉安復陷還桂陽初楊鶚爲總督以尅餉失軍心至是復貧緣爲偏沅總督公以爲一柄兩參付以敕印爲言王大駭立降敕慰諭召楊鶚還王急圖恢復謀議出關爲鄭氏所阻長新按明史唐王桱傳崇禎五年聿鍵嗣九年秋八月京師戒嚴昌義勤王詔切責勒還國事定下部議廢爲庶人幽之鳳陽十七年京師陷福王由崧立於南京乃赦聿鍵出大清順治二年五月南都降聿鍵行至杭遇鎮江總兵官鄭鴻逵戶部郎中蘇觀生遂奉入閩南安伯鄭芝龍巡撫

都御史張肯堂與禮部尚書黃道周等定議奉王稱監國
道芝龍鴻逵爲侯封鄭芝豹鄭彩爲伯觀生道周俱大學
士肯堂爲兵部尚書餘拜官有差聿鍵好學通典故然權
在鄭氏不能有所爲聿鍵屢促芝龍出兵輒以餉絀辭久
之芝龍知衆論不平乃請以鴻逵出浙東彩出江西各擁
兵數千號數萬既行託候餉皆行百里而還是時李自成
兵敗走死通山其兄子李錦帥衆降於湖廣總督何騰蛟
一時增兵十餘萬侍郎楊廷麟祭酒劉同升起兵復吉安
臨江於是廷麟等請聿鍵出江右騰蛟請出湖南原任知
州金堡言騰蛟可恃芝龍不可恃宜棄閩就楚聿鍵大喜
授堡給事中十二月發福州駐建寧明年二月駐延平三
月　大清兵取吉安撫州圍楊廷麟於贛州六月大兵
克紹興閩中大震七月何騰蛟遣使迎聿鍵將至韶州惟
時我兵已抵閩關八月聿鍵出走數日方至汀州　大兵
奄至從官奔散與妃曾氏俱被執　公屢疏請幸贛協力取
妃至九龍投於水聿鍵死於福州
江西（疏見三卷）唐王喜遣使來徵兵公即發永忠率精騎五千

迎唐王夏五月旣望發長沙次衡州睥睨不前日索餉至九月初二日始抵郴州復不進日事抄掠會　大清兵破福建之汀州唐王被執死贛州亦失公聞之大慟厲兵保境如平時冬十一月廣西巡撫瞿式耜總督丁魁楚兵部尚書呂大器議立永明王卽位於廣東肇慶府號永歷詔至乃稱自安王尋以公爲武英殿大學士加太子太保時王進才聞　大兵漸逼不守益陽輒還長沙

順治四年丁亥（永明王稱永歷元年）春二月王因　大兵逼廣東自肇慶走梧州復奔桂林公欲還兵衞行在未及行而軍心

偟武武岡總兵官劉承允以兵至全州王遂趨承允軍中三月承允挾王歸武岡適　大兵至長沙進才走湖北公不能禦單騎走衡州長沙湘陰俱失董英以瀏陽降盧鼎時守衡州先璧兵突至大掠城中鼎不能抗走永州先璧挾公走祁陽又間道出長州公乃脫還走永州夏四月四日永明王世子生冊爲太子下詔赦時瞿式耜念無講官經筵不御何由聞得失書八箴於扇以進之五月公至永州鼎之部將復大掠鼎走道州公與侍郎嚴起恒走白牙市衡州虛無人　大兵取之永州亦空　大清遣一知府

入守之初公置十三鎮以衛長沙至是無一足恃當
大兵之入衡州也黃朝宣以衆降惡其殘暴數其罪支解
之遠近大快副將周金湯瞯永州空虛乘夜督兵二百鼓
譟而登知府出走復其城六月公在白牙條陳本章略曰
臣推原禍本其端有四云云覲 三王遣中使諭以劉承允
罪惡令公入武岡除之承允於崇禎時由小校官至黎靖
參將轉調武岡皆公提薦厥後南北多故乘亂截粵餉辦
北者十五萬招集士馬遂雄視湖南稱重鎮掛平蠻將軍
印從公戰於岳州公爲請於王得封定蠻伯尋晉侯至是

晉安國公漸驕倨公先在長沙徵其兵承允怒謂先調黃朝宣張先璧王皆章曠親行今何折箠使我遂馳至黎不挾公子文瑞索餉數萬公子以正詞折之承允欲加辱文瑞拂衣去走訴公公以國事為重不與較反責其子遺書以釋其意遣章曠行承允乃以兵至益驕蹇傲然自大忌公權出己上欲奪之請用為戶部尚書專領餉務王不許承允尚借訓事以奪眾議公乃特糾之曰承允所急者蛙蟻小鬪臣與天地抗盛衰之運承允所爭者蜉蝣虛名臣與世界辨治亂之關公走謁王王召見泣曰想太祖高皇

帝起布衣飛淮甸冒霜露斬荆棘以有中國歷三百年至
朕否德受祖宗付托之重今已失其大半矣其如宗廟社
稷何公曰臣荷陛下厚恩職任督師自當竭力報効視死
如歸但願陛下布德施仁寬使臣爲郭汾陽勿使臣爲文
天祥太妃亦召見泣曰我大明三百年廟社望卿久矣卿
以社稷生民爲念盡心竭力恢復還於舊都老婦死於九
泉得瞑目矣公再拜受命而出王召公圖承允時公無兵
命以雲南援將趙印選胡一青兵隸之及辭朝賜銀幣命
廷臣郊餞公知承允必來襲托病不言行期承允果伏壬

餘騎於中道公至伏發得趙印選所部皆悍卒力戰盡殲之承允諱之而不言公乃還駐白牙市秋八月十三日衙內火延火藥局　大兵破栅抵武岡承允以城降兵部尚書傅作霖不屈死之長新按明史何騰蛟傳附傅作霖傳云傳作霖武陵人由鄉舉仕唐王入學士蘇觀生奏爲職方主事監紀其軍觀生發倚何騰蛟長沙敗監軍御史永明王在全州超拜兵部左侍郎掌部事尋進尚書從至武岡時劉承允擅政作霖與相善故纍遷及　大兵逼武岡承允議迎降作霖勃然責之承允遣使納款　大兵入城作霖冠帶坐堂上承允力勸之降不從遂被殺妾鄭有殊色被執罵之過橋躍入水中死十五日王挈宮眷奔靖州過通道入苗洞走古泥幸柳州是時湖南北已失湖南童謠云　清兵來佔天下明皇帝蔽

崩駕難得何督師一木撐持大廈可憐章北院身死報國
家長新安明史何騰蛟傳附章曠傳云章曠字于野松江
華亭人崇禎十年進士授沔陽知州十六年三月賊將
郝搖旗陷其城同知馬飈死之曠走免謁總督袁繼咸於
九江署爲監紀從諸將方國安毛憲文馬進忠王允成等
復漢陽武昌巡按御史黃澍令署漢陽推官兼攝府事承
德巡撫王揚基令署分巡道事明年四月憲文偕惠登相復
德安揚基檄曠往守城空無人衛官十數人齎印送賊將
白旺曠收斬之日夕爲警備居三月代者李藻至巡撫何
騰蛟檄曠署荆西道事曠去藻失將士心城復陷給事中
熊汝霖御史游有倫劾曠沔陽失城罪候訊黃州用騰蛟
薦令戴罪立功福王立南京左良玉將犯闕騰蛟至長沙
以曠爲監軍副將黃朝宣者故巡撫宋一鶴部將駐燕子
窩騰蛟令曠召之來副將張先壁屯精騎三千於漵浦復
爲曠召之留爲親軍而以朝宣戍茶陵又令曠調劉承允
兵於武岡會李自成死其下劉體仁郝搖旗袁宗第藺養
成王進才牛有勇六大部各擁兵數萬至騰蛟與曠計[illegible]

其衆軍容大壯左良玉死其將馬進忠王允成無所歸入至岳州偏沅巡撫傅上瑞大懼賸曰此無主之兵可撫也入其營與進忠握手指白水爲誓進忠等皆從之進忠卽賊中渠魁混十萬也時南京已破　大兵逼湖南諸將皆畏怯賸獨悉力禦唐王擢爲右僉都御史提督軍務恢勦湖北賸有智略行軍不避鋒鏑身扼湘陰平江之衝湖南恃以無恐嘗戰岳州以後軍不繼而還已又大戰大荆驛永明王加兵部右侍郎長沙守將王進才與狼兵將覃遇春鬬大掠而去騰蛟奔衡州賸亦走寶慶長沙遂失騰蛟歸祁陽賸來會騰蛟以兵事屬賸而謁王武岡賸移駐永州見諸大將擁兵聞警輒走抑鬱而卒今按賸以僉都御史恢勦湖北故有北院之稱見諸將擁兵逃避遂致抑鬱身死其報國之心亦良苦矣原本訛章爲張總不知爲何人因特考而出之

最可笑各鎮不用命厮殺最可憾王進才負騙先鋒印掛因此上送丁長沙董英守瀏陽當先降他盧鼎郴永忠縣在山凹黄朝宣父

子披劍投降哭哀哀同時被殺張先壁聞風遠遁反來刧擄劉承允沒良心投降了引入湖南踐踏王允成走漵浦亦將降書下傅上瑞是文官也幹這生涯九月王將返桂林而城中止焦璉一軍公慮勢孤率印選一青兵入助嚴起恆劉湘客同入事方急而南安侯郝永忠忽擁萬騎至上下震動其兵與焦璉部將角鬭會宜章伯盧鼎亦帥兵至公爲調劑而桂林以安王次象州公與起恆湘客等籌晝乃遣焦璉郝永忠盧鼎趙印選胡一青諸營分扼興安靈川永寧義寧諸州縣兵勢稍振冬十月大兵克黎平

守將總兵蕭曠死之（長新按明史何騰蛟傳後云有蕭曠者武昌諸生爲承允坐營參將騰蛟題爲總兵官管黎平參將事及承允降令降將陳友龍招曠曠不從已而城破死之又按通鑑輯覽云順治四年冬十月我大清兵克黎平故明總兵蕭曠死之）恭順王令線軍至黎平圍公宅獲舉族以招公時孫太夫人（原註公繼母）及徐夫人（原註公正室）公媳易夫人（原註文瑞妻）族婦李氏（原註俊品妻按譜俊品爲何公再從姪婦）俊等被執而夫內有趙氏（原註俊民妻趙邦琦之女按譜俊民爲何公再從姪）張氏（原註源長妻張經南之女按譜源長爲何公從孫）龍氏（原註之玉妻龍起雷之女按譜之玉爲何公再從孫）同王夫人（原註公副室自刃仆地不死復引刃抉喉乃瞑）死節（原註永明王俱有褒贈）公幼子德生長生後爲線軍溺於漢水族姪俊品擄至漢陽抱其幼女投水

死其餘或殺或自盡共四十餘口時公在行間徐夫人致
書曰毋近七旬云云觀三公答書曰夫爲忠臣云云觀三

長新按大兵至黎取何公家屬明史不載他本謂在戊
子十二月郡人劉永芳自敘謂在丁亥九月今據通鑑輯
覽所書順治四年十月克黎平考之則公家屬即被執於
蕭曠死節時也作戊子者舛矣永芳身經亂離直書時事
多足以補志乘之闕因附錄之劉永芳值鼎革自敘云自
始祖和以功授五開衛鎮撫忠孝傳家書香不替九世至
我父遇辰諱汝徵歷考優案入闈九次不第誨我兄弟俱
遊頖水長兄食餼崇禎丙子父膺歲貢旋丁外艱巳卯進
京廷試除廣東高州府石城縣分縣上臺剡薦入都以知
縣用回任豈知甲申正月一病不起我兄弟扶櫬歸里乙
酉冬我兄鳴玉諱濬芳見總督何騰文傷痛因往長沙投
効嘗蒙何總督題授功貢劄賜通判臨紀委往廣西招募銃
兵遂於丙戌殁於砂礦我得信往搬兄柩至古泥市接回
因兵務重大不敢歸家仍轉砂礦料理催齊銃兵一千頭

兵官於本年八月起程中途患病方痊復失馬跌傷左胎然一路催趲至丁亥正月抵長沙府交割點驗明白隨即辭歸營何總督苦留至二月方行又值王進才作亂伐掠橫行幸脫虎口渡河後又被鄉團擄剝罄盡幸玉台故暨兼之能之駐防永豐市相助衣服盤費回家喘息未定有楊梅屯路團寨禾倉被焚一空時值凶荒斗米價銀五錢合家勉强度日本年九月大兵取城兼拿何督師家屬兵馬紮駐東門外罰穀罰餉百計完納又因陳友龍投　清留此鎮守分養營兵十人替遣新化新寨一帶前詣廣西迎崇陽王至寨作反兼以地茶竪動鎮兵攻之稍就平息大清調取友龍赴五寶友龍疑懼中道叛搖旗清一往一來殘民備遭蹂躪是年九月友龍與郝賊對敵敗走廣西郝兵至城未久亦退回靖州己丑年有中潮隆里惡黨糾合衛中餘孽潛往廣西引友龍復至中潮運戰三月葬兵大破中潮致平民轉死流離不可勝數是年　大清金固山帶兵征勦郝賊遁回廣西官兵遂駐靖州徵糧運赴靖城每夫挑米二斗價銀四錢只得設法完納庚寅官兵撤回辛卯年高季兵馬十餘萬自廣來黎肆

行擄掠加以郝賊繼至民人無地脫逃即有隱藏山谷不過十分之一猶幸家口得以瓦全然已魂消膽喪矣壬辰癸巳二年王進才袁宗第兵馬俱屯紮靖州差偽官孟參將向五開衛徵糧大肆苛斂　大清兵至聞風便遁兵官駐鎮來幾秦王西府驅逐五寶甲午乙未數年王總理守靖州立倉平茶衛糧運倉上納悉官謝君龍莅府官黃中穎專肆慘刻凌賤文人道路以目後值大清經略洪提督大兵平定滇黔委衛士余振飭紀綱尊禮文士錢糧須發定額雜派一切暫停地方始就安戢迄今仰荷　皇仁半徵三載誠自古所罕有之曠典也　十一月

大兵逼全州公督五將合樂之渡甘棠港去公列營溶江口

順治五年戊子（永明王稱永曆二年）春正月王在桂林加公太師晉定興侯子孫世襲二月　大兵破全州至興安郝永忠大

敗奔桂林逼王西走二十二日王離桂林永忠挾王走柳州王又自柳州奔南寧永忠不遂馳至黎平凡獲平民砍手以獻屠掠中潮洪州一帶三月公撥師永寧聞桂林有警亟來赴難　大兵知桂林內變直衝北門公督焦璉胡一青周金湯熊朝佐分三門出擊卻之四月初六日公督諸將復戰居中指揮一青率戰將當前持戟麾之叱咤撼山嶽　大兵少卻午刻尾至嚴關公身先士卒大戰於日月橋（原註又云三里橋）　大兵列陣塘鋪營漫亙山谷以四股來衝突公預檄趙印選提五協五司將帥奮勇當先多有斬

獲酉刻將士溽暑拐膄請令收兵一青單騎戰至興安之
三里橋乃　大兵伏軍接應之所諸將踴躍無不以一當
百大兵復退直抵興安公與人書曰初六日巖關大捷
橋口隻輪不返全陽可冀成功矣初八日公督諸將前至
黃皇坪去三里許　大兵分五營三路以待松林伏兵驟
聲隱隱隆隆公令四路接戰雄即選胡一青[redacted]永祚張扶
濟陶仰用劉承讚緣大國[redacted]學然周世茂白文秀標鎮吳
興朝馬養麟新興標鎮劉起蛟張天祚等往來衝突鏖戰
良久望之如在奔雷急電之中標鎮周金湯熊朝佐秦新

定令從鳳皇坪左山橫擊　大兵又退死者山積鸞橋之水爲之不流十六日攻全不下士有惰氣　大兵乘虛來襲大戰於橋之東南甫接而　大兵退走一青永祚追至北關欲乘勢入城城頭矢石如雨乃旋五月初十日大兵募添鈀手一千合戰於橋水陸竝進銳甚印選身當其鋒與朝維忠橋下水戰頗利署鎮黄尚賢連中三鎗不少挫相持不退蕭營高招紅旗手劉魁泰渡河擊西路前騎承讚大國營高招白旗手朱邦鳳亦渡河持梃擊後騎橋口之師乃潰於是招撫城中復嬰城固守十五日督攻

全城自辰至酉礮傷副參遊都守顧有能黃尚賢等四十五人隊兵吳虎等五人十八日添購火藥密置雲梯爲攻城具令印選一青監修敵樓以焦營總兵張天祚標將高彪等相視發礮彈傷守城總兵余世忠左臂幾斃十九日倣古排柵遏法西北門兵不得出力攻東南滇師未至北城守排者多懈城中師撞柵而出各軍驚走公單騎在後不至於敗二十日夜懸賞千金發蒲營率兵四鼓踰城當鋒者登陴而後者少却遂不克乃發本標五鎮出東安旁牖永州有石溪站之捷水運遂斷又檄新興副將林三鼎

暗塲黃沙之六塘標下推官鄧元禧廖必名絕東南之餉道皆報捷二十六日夜發印選躬督全營攻北關焦璉躬督全營由總督杜允年所守茅鋪襲南關蒲纓一營攻西關二十七日卯刻一青先登生擒巡撫李懋祖奮營楊繼入悉斬精銳餘送至桂林瞿式耜奏不必獻俘命下懋祖就戮餘赦之分散各勳是役也凡入戰五攻克復全州進攻東安破之公有全州報捷疏見卷三維時 大清主將致書於公因公幼習儒業云云見卷三公答書曰為天下者不顧其家云云見卷三六月金聲桓李成棟皆據地來歸聲勢

復振　大兵在湖南者漸退秋七月公駐全州八月永明
王自梧入肇公再遣保昌侯曹志建宜章侯盧鼎新興侯
焦璉新寧侯趙印選帥師攻永州圍三月大小三十六戰
多捷時副將黃飛鸞獲奸細知城內糧絕婦女老弱者食
盡至十一月開城走衡州總兵譚國棟惠延年張一楚逃
至冷水灘獲總兵余世忠道員林國棟永州既復越國劉
監軍御史余鯤起職方主事李甲春克寶慶未幾諸將棄
衡州常德亦爲馬進忠所復以前所失之地漸皆恢復公
與諸將議進兵長沙時堵允錫惡馬進忠招忠貞營李赤

心自夔州至令進忠讓常德與之進忠大怒驅民出城縱火焚廬舍走武岡寶慶守將王進才亦棄城走各郡邑守將聞風皆潰赤心所至皆空城旋棄走東趨長沙公駐衡州大駭有千里一空之疏覬三時朝議憂赤心跋扈令公讓衡州駐老營促其八茶陵往援江西諸將由寶慶詔至公已檄進忠由益陽出長沙下扼北來援將十二月永明王因公家屬被執下詔褒慰謂非卿不能有此難非卿不能處此難公捧詔涕泣上疏謝曰臣讀易之爻辭云云晛

順治六年己丑（永明王稱永歷三年）春正月諸將盡集長沙城下公親往忠貞營令入衡州公部下士卒僅六千人防忠貞營掩襲不護行公攜吏卒三十人往將至聞其軍已東即尾之趨湘潭湘潭乃空城也赤心不守而去公入居之時諸將俱往援江西金聲桓黃飛鸞亦調往全州馬進忠已奉檄前發聞公輕身獨往遣將追護不及恭順王探聞倍道躡之至城下遣降將徐勇以輕騎突入詣公館率衆羅拜勸公降語未竟公見勇乃左良玉部將罵不絕口揮劍斫勇勇退避十九日曉起營壁皆空公方巾便服坐堂上泣

曰五年督師心血嘔盡而所成者竟如是豈非天乎急發
閣報公遂上馬出城而大兵四集遂擁之去置郭外之
慧德庵中宣威將軍楊一營不知公所在欲尋救之學騎
入城者七中流矢死主將知已執公以書招之曰今天厭
於明云云覲三公答書曰朧鮫少壯立朝云云覲三時固
山佟公延問之公南面席地坐不言以公家屬四十餘口
詰其籍若弗聞至孫太夫人乃起稽首曰老母耄矣餘無
所惜一惟命佟公諾復強之降公曰我國不幸大臣被擄
吾荷大明三百年綱常之重豈以一身事兩主我血性男

子百折不回汝何惜一劍佟公復退公居庵中正襟危坐談笑自若數請不赴數餽不受有僧以盂水進揮之曰可另取江心水一壺望南泣曰此水自衡來吾君之水也滌腸胃而死得瞑目矣飲之延至七日再遣人說之公拒之曰孔曰成仁孟曰取義衣帶之遺彼則行之我則繼之吾志決矣勿復多言佟公歎曰眞義士也其志不可奪矣不忍殺遺以絲帶一汗巾一任其自裁公拜而受之曰謹受敎時天氣晦蒙微雨初過公從容躡朱履以袖拂巾而行口吟一律向南再拜自縊於流水大埠橋邊時己丑春正

月二十六日也湖南各郡聞者莫不流涕爭立神主以祀之廷臣諸將聞公死皆曰大事去矣永明王聞之哀悼賜祭者九贈中湘王謚文烈又賜神主一預至家宅永遠祀奉題曰皇明輔運推誠守正中湘文烈王何公靈位不書其名（原註康熙二十四年十二月苗叛黎平城陷公宅被焚神主遂失）公生於明萬歷二十年壬辰歲甍於 國朝順治六年己丑壽五十有八公殉節時有慧德庵僧於半夜具原衣冠掩葬城外墓而不墳暗爲之記後亂定民人歸聚呂盟甫平基造宅於上其女病昏迷見一紅袍大人端坐竈上至順治十八年辛丑

儈詣黎平告其出公姪孫之玉與公壻周道大往具呈於湖南巡撫張批仰湘潭縣鄭令親臨開視果獲全屍遂移葬於湘潭城外與唐灣流水橋側田子由之祖塋以石題曰何公騰蛟之墓至康熙十四年太史陶汝鼐援例請賞事具題奉

旨歸葬十五年丙辰公從姪文明（起蛟子源深父）往湘潭扶櫬歸里葬於黎平城西門外里許之西佛崖（按公墓右有公伯父鳳衡伯母劉氏合塚及堂兄起蛟墓）

附載公之子三長文瑞字憲卿徐夫人所出也素隨營

軍中庚寅永明王授僉都御史龔定興侯從之桂林帥
師禦敵辛卯十一月南寧軍敗刃死時年三十有二康
熙丙辰何之玉至南寧收骸骨歸葬黎平城南梘冲次
德生三長生王夫人所出俱被線軍溺於漢水
何琮曰康熙丙辰公櫬自湘潭歸葬當時僅負土成墳
未幾牛羊踐踏寂寞荒涼至庚辰秋琮與族叔源深按譜
爲何公從孫呈奇按譜爲何公再從孫等具呈府主何衛主■委郡學
師宋修墓立珉建表每歲春秋郡賢執政暨紳士咸瞻
禮焉宋師以黎庠祀鄉賢十人公父子咸在長新按郡志載公父

(東鳳纂地輿志)命琮具公行狀因訪於郡明經周先生鑑解元顧先生新鼎業師張先生纘得雜稿一帙與宋師删纂就簡綴輯成篇後二十年爲康熙辛丑琮往浙江紹興府山陰縣之峽山拜謁祖廟抄錄家譜得錢謙益萬瑞生二公所集諸傳並明季遺聞樵史三書以歸彙成此編以付吾家子孫永守勿替也

附何氏族譜載何琮歷年自敘略云曾祖其敏(按譜與中湘王爲同曾祖兄弟)祖俊彥父之瀾琮生於康熙五年丙午父母早歿依王父以居受學伯父之海値僞吳變亂東西逃避

幾廢儒業年二十受學黃公[illegible]年二十二受學張公讚

於南泉山夕佳閣初編家譜年三十二往京都次年南

旋庚辰年三十五修督師公墓年三十六遊黎頖辛丑

年五十六秋九月往江南揚州府謁鹽院同里張公詔應

藉其資斧至浙江山陰之峽山拜謁家廟得前人所作

諸傳記壬寅四月旋里是年輯忠烈編雍正乙巳年六

十續成譜牒致琮卒於乾隆戊辰年八十有二

湘潭縣志長新按此依何本所載未見原書

伏讀

今天子明詔勤勤求天下忠孝以示風厲其恢度崇祀正
如元之錄文山明之祀余闕千古帝王如出一轍也謹錄
其死事者得一人以附官師末以備來史或曰公不官潭
叙於潭非例也或曰公死潭潭志不書天下必有起而書
之者是潭失紀也故筆之

何騰蛟字雲從黎平籍由鄉薦官閣部督師鎮長沙凡
二年丁亥二月　王師開南兵潰去至戊子十一月復振

旅駐衡先是闖逆餘部自常德至長沙大掠西寧兩湘之
間人畜殺盡爭得公彈壓覊縻之公聞單騎免胄入湘潭
視事　王師大舉入長沙諸部方縱掠不發偵者入白己
丑正月十九日潛師至屠其城騎生得公公命公降堅卧不
食闖固山佟公至輒下再拜曰聞公在武昌善視吾母宜
答謝非私公也卧如故越七日拽至大埠橋下不屈死之
闕史曰人臣受任於危亡之際而以行軍顯著諸葛丞相
宗忠簡李忠定外不數見公之事得於嚴儀部所示疏與
札及金黄門所解小史之録本見於疏札者從疏札見於

解註者從解註無解註者從小史文嘗聞公之溺於灘水也逆流而生一本此下有在粤時三字首麻冠身布服在下無不稟命其精誠固有動人肺腑者也試取諸葛宗李三公之書與公之文言比擬誦之眞一代偉人哉不當徒以純忠大節概之矣又儀部嘗以公札見贈世有珙璧當無以匹之而原本山陰故不僅一巖忠靖矣

貴州省志長新按此依何本所載蓋康熙閒通志舊本

督師何騰蛟字雲從由孝廉入仕歷官督師四川湖廣雲貴廣西軍務贈中湘王謚文烈明永歷所勅也詳諸典册

咸謂公與文文山余忠宣二公後先媲美亍以時方板蕩天必生扶顛持危之人行乎患難臨大節而不可奪以收二百七十餘年養士之功立千萬載爲臣之極天也豈偶然耶按黎平府山曰五龍支分有五中曰黃龍屬郡治次曰騰蛟公之祀在焉長新按黎平府志祥異云萬歷十九年三月雷雨大作雨蛟出府治儀門府治舊名黃龍山改名騰蛟山吳光廷祠記云黎平城內有五山在城南者曰南龍山山麓有何公故第今考騰蛟山即府治此當名南龍又編年紀略云永明王聞公殉節賜神主牌至家宅祀奉此云公之祀在焉即公故第也惟萬歷十九年辛卯黎郡有出蛟之異而公即以次年壬辰生名適相應蓋天生偉人應時而起固非無意於其間也傳昔夜半有光如鐙前有石井產五色文魚今皆無詎非

地鍾人靈間關萬死指天誓日載蹈載振盡瘁鞠躬以一旅未亡爲興王之基以一息尚存爲報國之計尚擬交余三公恢恢有餘其必欲誅浞則猶臣靡之於夏其必欲誅卓則猶王允之於漢其必欲挫溫遏堅則猶謝安之於晉凡皆區區致力於未力之間強此之衰以艱彼之進者皆聖賢之所不能不爲也故在易之遯曰小利貞又曰與時偕行終於一死以自異於忘君誤國之徒故曰天之所生以挽全社稷之心豈僅厦屋既崩能不顧其身而已哉乎再式公之祀不敢仰視者至再茲省志告竣考公事實謂

許史册廟貌竝同堂兄起蛟書科書爵致敬以辭之

貴州通志長新按乾隆六年巡撫張廣泗監修姚州知州靖道謨所撰

何騰蛟字雲從五開衛人天啟辛酉舉人讀書知大義尚氣節嘗自命以身許國由南陽縣令轉部曹歷任監司俱有政績陞湖廣巡撫時總兵左良玉有異志興師東下邀騰蛟同舟偕行不可置之別舟令人守之騰蛟乘間躍入江中流十餘里漁舟救之起間道走長沙時李自成斃於九宫山其衆數十萬悉來就騰蛟受撫永明王立授武英殿大學士 大兵入湘潭騰蛟被執不屈死

何騰蛟天啟元年辛酉科第十六名舉人中所人初儒綸次縣教諭次任山西汾州府介休縣調繁汾陽縣丁母憂後補南陽縣行取北京大興縣晉兵部職方司主事轉員外郎中陞懷隆兵備道山西按察司副使轉口北兵備道山西布政司參議丁外艱後補南直鳳泗陽道徐州道參政陞湖廣巡撫都院因左良王叛下南都流寇張獻忠乘虛戰奪武昌退守長沙自成被戮部伍投誠陞五省總督據守三載有功旋授督師廕定興侯晉中極殿大學士兼

吏兵二部尙書厥後至湘潭殉難謚文忠贈光祿大夫

開泰縣志雜記

閻梅公通志謂何文忠公乃神魚所化引宋文信國公謝蛟之說以證之施秉進士陳珣謂人爲萬物之靈凡大聖大賢忠臣孝子皆稟天地正氣蛟與魚雖靈豈能靈於人乎愚按傳說爲列星宇宙正人應不假靈於物然伊尹生於空桑其說雖不可考而黔之竹王實生於竹筒中又謂之何閻誌陳論竝存之可也

黎平府志長新按道光二十三年署知府劉宇昌監修郡人唐本洪所撰

何騰蛟郴城人由舉人歷官明太子太保武英殿大學士兵部尚書總督雲貴川廣五省軍務加太師封定興伯晉封侯 國朝順治六年入守湘潭 大兵至被執不屈絕食七日而死湘潭百姓舉哀永明王聞之哀悼賜祭者九贈中湘王諡文烈官其子 國朝追諡忠誠

忠烈編卷之二

黎平何瑩庵
貴筑陳冠山　先生原本
黎平胡長新子何重輯
受業彭應珠靈淵校

督師何公忠烈傳

武林董瑞生叔廸

公諱騰蛟字雲從其先山陰之峡山人也始祖莊齋公誠與大司空石湖公詔爲同祖兄弟因事謫戍黔中隸籍五開衞越七世至公同伯兄起蛟先後以鄉薦起家公性至孝具文武材初令介休有能名未幾以憂歸哀毀骨立服闋補河南南陽令時流寇蹂躪兩河所在騷動丙子二月

陷登封與伊嵩之賊合總兵湯九州孤軍深入爲賊所敗賊乘勝掠南陽公殫心設守具有方略豫撫陳公必謙赴救疾馳兩晝夜公備糗糧飽戰士俾擊賊斬獲甚多陞大興令歷兵部武庫司主事癸未晉參議署淮徐道事徐賊程繼孔王道善張方造三人分據蕭碭勢極披猖公會徐州副將金聲桓等合討之淮督路公振飛命其將文懷忠等亦以師會七月破張方造於吳家集程繼孔懼罪降公單騎親至其巢面責諭貰其舊過令縛王道善自贖繼孔果於十月內生擒道善以獻公復自擣蕭縣之王窠方造

爲阜聖等所獲徐寇乃平尋擢公爲楚撫甲申四月李自成敗於關門寧南伯左良玉得以其間復荆德承天公與良玉收拾武昌同心固守五月南都詔至良玉意猶豫公以劍自隨曰社稷之安危在此若不開讀此身但有付三尺耳會良玉腹心盧鼎力勸其拜詔事乃定及良玉東下公不從欲奪巡撫印公解付從者令出城良玉命四將逼與俱行公至漢陽門乘間投江順流十餘里至竹簰門遇一漁舟救之起岸有關帝廟懷印出走之僕適在其中相視驚異人以爲神遠隆武建號公拜督師之命招撫賊帥

馬進忠王進才牛萬才等皆驍勇善戰樂爲之用丙戌十一月永歷即位於肇慶丁亥移駐桂林公與盧鼎等分兵守全州戊子二月桂林遭郝搖旗之變敵乘間來窺公提兵至桂同臨桂伯瞿公式耜申誓設防三月同胡一青周金湯焦璉出城夾擊敵大敗遁去西省賴以存復封定興侯七月帥師攻永州十一月拔之殺其鎮將俞世忠巡撫李懋祖隨復寶衡直抵湘潭軍聲大振李自成之敗逃也至通城九宫山爲土人所斃餘衆擁其兄子李錦與白成妻高氏竄踞湖南公與巡撫堵允錫撫定之表其軍爲忠

貞營堵允錫先因降將馬進忠等鈞禮抗衡至是欲倚忠
貞兵以制諸將己丑正月陰檄忠貞兵由夔門出常德常
德進忠駐兵地也疑忠貞襲己焚城東走王進才時駐寶
慶聞之亦棄城走諸將踉蹌驚奔盡失其地公覲至忠貞
營諭之令自衡陽援江省進忠等由長沙下武昌共會師
於南都忠貞兵復違公節制師遂大潰公痛功垂成而復
敗從數騎入保湘潭長沙守將徐勇夜襲之因被執囚山
佟公極重之館之慧德庵精舍中公絕粒不食一僧以盂
水進揮之曰可另取衡來江心潔淨水飲之以洗滌我腸

胃勸其降不應問其家口亦不言佟公令公姪開報遂按籍索之是時太夫人尚在王夫人自盡死太夫人與徐夫人公二幼子同居數十口俱就逮佟公延問之公南面席地坐仍不言唱其籍至太夫人公起向佟公稽首曰老母耄矣餘無足惜一惟命佟公領之復强之降不可即於是日遇害從容就義遠近觀者皆爲太息永歷聞變令三軍縞素望祭慟哭三軍皆哭聲聞數十里贈公爲中湘王謚文烈廕其子文瑞爲中書舍人後以功封定興侯子孫世襲卒於軍公殉國後僧人憫其忠瘞之湘潭城外至康熙

初年公山陰宗族林任會同令訪得其處居民建屋其上請於湖撫張公復移書族姪奉新令嘉祐各捐俸償其值撤屋而遷之即葬於湘潭山之陽土人至今祀之不絕云

傳

馮甦

何騰蛟字雲從其先浙江山陰人成貴州黎平衛登辛酉賢書起家南陽令時流寇充斥至邑輒破走之後從陳必謙擊賊於安皐斬首四百餘級由是知名擢武庫主事屢遷淮徐兵備道平土賊陳肖宇王道善張方造等衆數萬癸未擢都御史巡撫湖廣當是時諸大鎮分擁重兵所在文臣結强藩交權相搆鬬湖廣新經獻賊之亂寗南侯左良玉擁武昌兵衆而無紀遠近畏之騰蛟慷慨赴任日盡瘁邊事利害弗問也未幾晉總督闖賊既敗潰出武關良

玉畏其逼已每欲引兵東下會有北來詐稱懷宗太子者江南君臣惡其惑眾收下獄遠近洶洶謂奸相馬士英欲殺之良玉乃與巡按黃澍上疏以討馬士英爲名率兵三十萬內向騰蛟百計阻之不聽先一日左兵大掠城中士民倉皇入督署避難者數萬騰蛟以印授家人速持去自坐堂上亂兵入飛矢集几案不爲動良玉使人請曰公不行不强但一語而別騰蛟赴之既登舟舟遂發使四裨將守之行四十里至陽邏鎮騰蛟罵曰吾封疆大任豈相從作賊耶自投於江守者懼誅亦赴水死騰蛟順流十餘里

遇漁者救之得甦標將熊朝佐等及故士卒聞騰蛟在稍
稍來集家人亦持印至遂入大冶通山之間左兵東下甫
浹旬闖賊十萬衆自陝潰入楚掠漢武而東銜左兵之尾
大兵追闖者又數萬水陸踵至計自荊河至皖城數十里
間挾陣格鬬紛拏散走四月良玉與黃德功戰大敗師潰
蕪湖之荻港後數日良玉死其子夢庚以兵降
大清闖賊被追會大雨四十日百川漲溢賊敗所在積屍
成邱李自成僅引數騎馳入九宮山居民白梃擊殺之五
月

大兵略定武漢諸城邑騰蛟自寧州間道入瀏陽向長沙
時楚人相傳騰蛟入水浮沈三晝夜不死巨黿負之登陸
皆以爲神爭相向從矣先是良玉操楚事騰蛟不能制乃
請以知州章曠爲監軍道傅上瑞爲長沙道與督學堵允
錫各練兵一萬至是以兵來會未幾舊鎮馬進忠張先璧
盧鼎等亦次第來歸軍聲稍振七月唐王立於閩晉騰蛟
尚書兼東閣大學士封定興伯督師故以章曠堵允錫爲
湖南北巡撫分駐湘陰常德爲犄角皆騰蛟請也騰蛟令
南陽時雅與唐王善故所奏陳皆報可九月降憫之潰撫

郝永忠王進才及良玉之標將王允成等兵十餘萬堵允錫亦降李錦高一功等十八營於松滋之草坪衆三十萬號忠貞營明年丙戌騰蛟兵戰於岳州城下又戰於藤溪戰於湘陰頗捷請加郝永忠恢勦左將軍張先璧恢勦右將軍餘陞授有差江楚間民兵皆結砦固守以應方謀大發兵復武岳及江西之袁吉會闖破贛州亦不守人心搖動兵不果出十月桂王子永明王立於肇慶丁亥奔桂林騰蛟與武岡鎮劉承允俱以兵赴難承允遂挾王走武岡承允者崇禎時爲武岡叅將常鑄鉄棍自隨因以爲號其

後南北多故乘亂截餉之解北者十五萬招集士馬遂雄視湖南稱重鎮掛平蠻將軍印嘗從騰蛟戰岳州一軍先走後封賞不及遂怨騰蛟至是以擁護功封武岡伯尋晉侯又晉安國公

大兵至長沙騰蛟戰不利退保衡州承允請召騰蛟入闕辦事實以解其兵柄諸鎮皆慫承允承允懼會騰蛟至諭解之先璧引兵略寶慶而西屯沅州承允復喜以諸鎮責仍命騰蛟督師出衡州而衡州之師已潰惟郝永忠王進才以兵至餘皆降五月騰蛟自衡州退永州巡撫章曠守

永安疽發背卒

大兵攻寶慶破之承允屢戰敗遂降永明王奔古泥大兵西破黎平盡擄騰蛟之族還攻永州郝永忠等走騰蛟獨以胡一清兵力戰城下十餘日一清曰吾外援已絕內儲復匱死守空城無益遂與騰蛟決圍出比至全州郝永忠已集湖南潰兵數萬入桂林城中大沸騰蛟馳入與留守瞿式耜分佈諸將自會城之北盡全州興安靈川駐永忠兵城東永寧義寧駐一清及趙應選兵其他鎮兵自將留會城一清應選俱滇人初應御史陳賡募將三千人

衆十二隻至豫章隸江督萬元吉麾下及贛州陷元吉屢
俱死一清等走湖南屬騰蛟十一月永明王自象州復回
桂林戊子二月
大兵破全州至興安郝永忠兵大潰掠桂林而南王奔南
寧騰蛟方按師永寧聞報急引胡越之兵還保桂林會江
西告變
大兵還駐武昌騰蛟招集遺散得一二萬人將出楚邊撫堵
允錫與馬進忠等亦攻下常德報至騰蛟即由嚴關身先
士卒大戰白月橋遂復全州進攻東安破之於是舊將史

竊以師來會圍永州三閱月克之乘勝克衡州進攻長沙十一月堵允錫以忠貞營兵自常德趨湘潭騰蛟聞之大駭時大鎮聚湘潭者數十家最後馬進忠亦至與忠貞營有隙會江西被圍趨赴援騰蛟乃與允錫議自督進忠及諸鎮兵圍長沙允錫率忠貞營援江西己丑正月烏金王至湘潭進忠一清俱走騰蛟曉起營壁皆空乃大慟曰五年督師心血嘔盡而所成竟如是天也遂緋衣坐堂上不去執見烏金王勸之降對曰王何患無降官降將哉果以我為血性男子何惜一劍遂不食七日且死謂寺僧曰取

一瀝河水飲我是水自衡來猶吾君之水也滌腸胄而死瞋目矣遂遇害事聞贈中湘王謚文烈子文瑞奪情拜都御史監胡一清軍以病卒

閣部何公殉節傳

襄陽陶汝鼐

公諱騰蛟字雲從先世山陰人徙楚之五開衛由乙榜通籍南陽令遷大興擢北兵曹調職方司郎出爲河南監司皆以才廉著癸未獻賊陷武昌無敢當節鉞者甲申正月特簡公巡撫未至而江上諸軍大亂亟受事與左帥良玉謀戢兵固楚其子夢庚叛脅公登舟爲逆公誓死不從躍入江流十數里不溺聞獻賊掠湖南還走荊州乃間道赴長沙坐空城中弔死扶孤召集諸監司守令部署之稍定諸鎭將鄉弁肆荼毒者亦漸斂手奉約束時荒疫繼作極

意掛循征繕悉停博施勸諭每本折但徵十分之一予遺
暫甦語晉公閣部總督師七省撫軍以下咸聽公奏用諸
旅禦江壁壘初就明年丙戌設鑄局行粤鹽舉里選鄉試
皆得旨便宜屹然聲震江東闖之潰卒數千來降詔晉公
爵封定興伯闖自荊州來晉爲定興侯嘗欲召公入相固
辭願以身捍疆埸然所總浙舊軍慓悍非可用者公憂之
足瘡大裂六月調黔中兵至而餉大匱正月某日湘潭譁
中軍乘釁而譟妄謂敵且至公單騎出指揮不得語火及
公衣騎疾馳而南 大清兵闖長壁頓空入據之公且上

衡州收集潰師僅存一旅入永久之達粵西壁嚴關而守
冀復振之戊子冬兵復芝之城期與制府堵公所統闖衆會
而諸軍在常武者懼忠貞營奪其壘先亂願赴公麾下所
過蹀血五百里公聞之從數騎馳至中湘雪夜過寧鄉埀
泣使掩胔骼尋見一二父老大慟藉草卧破屋中與幕客
談不交睫凌晨爵鎮馬進忠等五營並奉命咸集諭還中
湘將築臺拜總督者吏民漸出幸復見何公正月十九日
大清舟師猝至登岸而屠進忠急引馬扶公出城負劍而
墜曰若等疾去事尚可為予止此矣

大清兵邀公踞坐於地曰吾督師也拽而見主者主者禮
敬之曰欽公忠略久矣願得復爲閣部公坐不答競進食
瞑目麾去之命十數卒守之明日遣漢官來復理前言公
曰殺之可耳寧有此耶三日有僧在側相歎息問公何需
公曰汝僧也爲我致淨水一甌飲之漱而吐復默又二日
强春而坐氣奄奄欲絶主者度其不可回至七日遂擁至
大埠橋畔不屈死之天爲之霾湘人瘞其體小壙焉事定
爲居人所平屋其上不敢問越十七年乙巳公山陰從姪
林任會同令同公壻周道大姪孫之玉往識其處請於當

事許發而得白骨一具儼然斂坐者殮而瘞於高原丙辰冬載其櫬以歸嗚呼公於是成仁無憾矣余嘗弔古改革之難封疆大臣能鞠躬盡瘁從容而死節者如公有幾人旣賦弔忠魂復爲作傳以俟惇史云

何先生傳

永從知縣武昌向日葵

先生諱騰蛟字雲從楚之五開衛人貴州黎平府籍天啓辛酉鄉薦仕明以內閣兼大司馬贈文烈先生生而高邁尚氣節讀書時見大力君子如汾陽潞公諸人欣然色喜則有攬轡澄清天下己任之志及見睢陽文山諸公則正襟作色掩卷而歎曰丈夫以身許國七尺原非我有若名建功成得全首領以歿幸也即不幸而時遭屯蹇以素所許國者還之國家亦幸也區區頂踵何惜焉先生以鄉薦起家領南陽牧犖犖有聲後以政勣遞進楚中丞時有左

良玉者擁兵數十萬與先生夾城而處良玉梟猾也意叵測縱兵瀟湘漢沔上下數千里所過無完舍先生爲調攝保護衆賴以安初如嬰兒失怙恃啼饑號寒欲死乃得先生父母之提携襁褓全楚有二天之戴云久之良玉東下恐先生當路拒已逼先生同往先生不許逼及舟遂强之同行舟次興國寺先生投江自决漂流十數里不沈漁者救免取道至長沙時我　大清鼎革洞庭若楚漢之鴻溝也先生受節鉞舉義旗四方響應者聞風趨赴不數月得甲兵十萬内有自成餘黨數百人者綠林起家野性難馴

先生恩情遺而理格之一日容送秦珠數顆價值百金時公子自黔來別有十餘年求之弗與有都督某之子拜先生於庭先生則袖出與之然世豈有薄己子而厚於人之子者哉其意欲子之父者感其情而思報焉凡以爲國也心亦良苦矣先生擁重兵度支之費日以數萬自奉糲食佐以斷虀衣垢屨洴敝則紉以補綴筍底索如也先生嫺兵略計畫悉自己出每見漏殘人定孤檠靜几之上眼底忽忽者羽檄數帙而已積以百六將終諸將有二志先生潸然歎曰天意已不可爲不可爲而爲之非不智也比之

父母病劇固已知其不起雖不起矣豈有子若孫旁覩不治而任其自斃也耶明年　大兵南上凡昔之受邑食封黃金肘腋者皆鳥獸潰散有劉承允者爵列五等乃先生上書題授夙執弟子禮北面事先生者也劉納欵執先生母妻子女以獻時先生轉徙全州所擁衆兵未散也

大清定南王館先生家口於官有司供奉惟謹囑太母以書召先生先是被執之日有家人脫走先生前先生早知其狀應知太母必有書召已及書至戒令勿入傳至虜鉶於庭方令持書者進先生望北再拜淚泣而言曰兒不肖

遭時多故今以國事累母兒之罪也然從母命則負君恩計就數日之生全則貽萬年之譏責老母休矣兒念決矣書未讀對眾焚之又明年督旅南下抵中湘剛閱月而大兵兼程以至先生敗績出走數十里馬憊不能進有牙將胡一青者先生素以為股肱依依不忍去涕泣請曰敵兵近矣請易我馬我當步行保之先生曰無庸也大事已去生復何為爾往矣無以我而累爾遂被執我

大清禮遇甚隆猶冀先生之肯順也先生乃七日不食整冠北拜而死蓋順治己丑春正月二十六日也久之事聞

永明王卽其死節處贈中湘王謚文烈云
外史贊曰天下有盛氣有正氣盛氣所鍾生而爲國之功臣正氣所鍾生而爲國之忠臣以功臣而起衰世之末流其忠或未可必以忠臣而生逢盛世盡瘁殫心斷未有不能成功者嗚呼先生之不爲功臣而但以忠臣名也豈才力之不若歟特其時與勢殊耳然執此忠君一念鼎鑊自甘而不知有身高堂蒙難而不知有母伉儷割愛而不知有妻骨肉崩分而不知有子與女彼先生者何人哉儒者動言仁以爲己任死而後已此心此念以之入聖可也

外傳

開泰訓導貴筑陳文政方箴

公諱騰蛟字雲從一字祥升湖廣五開衛人入貴州黎平府籍宋清源郡王二十四代孫也祖志清隆慶明經仕開縣主簿父東鳳亦以明經鐸雲南新興州告歸設教隆里公隨侍讀一日問書不解舉硯擊其首責之曰子不受教打死無悔庭訓之嚴類如此奮志下帷遊泮補弟子員秋闈落第往依兄起蛟時令四川內江縣欲公歸成舉子業故戒門者不得入以百中經一部錢一千遺之公歸讀書南泉山之天香書院一日省親還山房值巨蛇當道公舉

足越之蛇即鞠身向上公曰吾豈向爾腹底過耶巨蛇走避之其胆壯如此素與書賈李靜溪善得解囊以贈赴闈中天啟辛酉舉人任山西介休縣調繁汾陽縣旋遷河南南陽縣累官口北道丁母憂歸里朱公萬年守萊州殉節公聞拍案歎曰好事被朱公先我爲之崇禎十六年冬部臣張伯恭袖出南樞臣史可法札有何騰蛟甚有邊才爲左帥畏服襲廠有功超拜右僉都御史代王聚奎巡撫湖廣時左良玉軍橫甚或勸勿赴任公曰國家養士設官原以救傾危之急當立千萬年不朽之功偷生畏死豈人臣

之職乎慷慨赴任未幾夏玉反載之同行置別舟使嚮導
守之乘間躍入江水流十餘里爲漁舟救起遠近相傳謂
有大龍負之登岸抵長沙集僚屬痛哭曰國家不幸至此
諸君皆王佐才當以社稷生民爲重同心協力以圖恢復
命將降闖兵數十萬唐王倚重之拜東閣大學士兼兵部
尚書賜蟒玉尚方白金二百兩綵幣八拜表出師大會岳
州戰於藤溪湘陰頗捷江楚之間結砦固守進駐建寧與
楊廷麟各上疏迎唐王又調廣西土弁覃遇春率狼兵三
千赴營遂指揮全師下武岳及江西之袁吉桂王立勞撫

楚粵間加太師封定興侯子孫世襲時劉承允敗匾王命
公圖之公奏云承允所急者蛙蟻小寶臣與天地搃盛衰
之運承允所爭者蜉蝣虛名臣與世界辨治亂之關隨赴
桂王營王泣曰太祖高皇帝起布衣飛淮甸冒霜露斬荆
棘以有中國歷三百年朕以否德受祖宗付託之重今天
下已失其大半其如宗廟社稷何公對曰臣荷主上厚恩
職任督師自當竭力報効臣願主上布德施仁寧使臣爲
郭汾陽無使臣爲文天祥于太后召見諭公曰我太祖三
百年宗社望卿久矣卿以社稷生民爲念盡心竭力恢復

還於故都我死九泉得瞑目矣公再拜受命帥師禦全州
大清恭順王令線軍至黎平園公宅執公繼母孫氏妻孫
氏妾王氏族儁品妻李氏之玉妻龍氏儁民妻趙氏源長
妻張氏幼子德生長生及族姪儁品等以行妾王氏族婦
趙氏龍氏張氏死之 大清將致書於公曰公幼習儒業
豈不聞子輿氏云順天者存逆天者亡乎若順天命而歸
眞主富貴共之否則親屍被掘妻辱子戮雖悔何及公答
書曰爲天下者不顧其家爲名節者不顧其身且騰蛟賦
性硜拙各奉其事各爲其主各存其體耳文王之政不及

妻孥令偶及之是豈先生之初意乎欲掘吾親之墓吾親已歸三尺難保百年不壞之墳摘吾之子身旁有長子在可奉祖宗禋祀次子未見面而生仍付之未見面而已執吾之命妻年幾六十欲挾吾順不能也公復全州凡遇戰陣皆親冒矢石又遣諸將復湖南舊失地心力獨瘁前家屬被執時在行間妻徐氏致書其略曰母近七旬妻亦命婦豈反不如王氏之抉喉族屬之婦女同死於地下實族望大兵來救麾下諸大鎮豈盡如劉承允之負心公答書曰夫爲忠臣妻爲命婦死亦何恨族屬婦女盡被所執便

是刧數俱應速死與王氏趙氏龍氏張氏同一節烈者也時諸將猜忌公多方區畫倉猝入湘潭我兵偵其虛城遣降將徐勇輕騎突入公方巾便服坐於堂上泣曰五載督師心血嘔盡而其所成者竟如是豈非天耶宣威將軍楊某欲救公單騎入城中流矢死我　朝主將以書招其降曰今天厭於明神器有主尚思收既覆之水然久死之灰棄身不顧而單騎被執心與文文山一轍而境遇之艱難倍蓰過之忠貞亮節誰不憐惋先生之道盡矣若肯承命天意知命來歸當不讓洪承疇之一席也公答書曰騰蛟

少壯登朝運逢屯蹇甲申三月自分一死所以茍延至今
者思蹈汾陽後塵也不意志切才疎致茲狼狽負恩辱國
臣罪當誅尚可茍延人世乎頭可斷心可剖先王先公實
式憑之徐勇勸之降公叱而絕之勇遂擁至慧德庵我
朝主將勸之降公曰亡國之臣願乞一刀以作厲鬼向爾
席坐以公家屬四十餘口唱名過其前至繼母孫氏公起
稽首泣曰老母耄矣餘無足惜一惟命復强之降公曰我
不幸被擄荷大明三百年綱常之重豈以一身事兩主哉
血性男子百折不回公何惜一劍我兵猶不忍公正襟危

坐庵中數請不赴數餽不受日取江水一壺望而泣曰此水自衡來吾君之水也洗滌腸胃而死得瞑目矣七日不食復有說之降者公曰孔曰成仁孟曰取義衣帶之遺彼則行之我則繼之吾志決矣無復多言共歎曰眞義士也遺以絲帶一汗巾一至廿六日公向南再拜微雨初過賦詩一律自縊於大埠橋旁時年五十八歲士民爲之舉哀永明王聞之哀悼賜祭者九贈中湘王謚文烈後復賜神主一通題曰皇明輔運推誠守正中湘文烈王何公靈位官其子文瑞僉都御史卒於南寧軍幼子德生長生爲線

軍溺於漢水族姪俊品抱幼女投漢水死妻徐氏自盡外
家屬四十餘口除妾王氏族婦趙氏龍氏張氏之外存亡
不可考公屍得慧德庵僧私具原衣冠葬之居民呂盟甫
誤平基造宅常見衣紅袍者坐室中僧至黎平告其事公
姪孫之玉堦周必大往呈張撫軍仰湘潭令鄭親臨開視
改葬唐興齊題其石曰明督師何公墓　國朝康熙十四
年太史陶汝鼐公門生也以明督部史公可法死於維揚
無異公死於湘潭史公寵錄後裔祀典優隆公尚埋骨湘
潭援例請當事具題奉

旨歸葬於黎平郡城西門外之西佛崖康熙三十九年再
從孫何源深族子何文祥族孫何呈奇等封石勒碑學博
宋應舉爲銘誌公宅旁有井名神魚相傳公未生時神魚
時見一日公母廖太夫人見金絲鯉魚飛入室中少頃公
生遂謂公爲神魚所化康熙五十年奉
旨查問祠祀現與父東鳳崇祀黎平府鄉賢祠

祭何文烈師文

川太僕少卿玉閩 江見龍雲卿

於戲夫子其遂已矣乎柳莊疾棘衛君嘗祭而輟禮晏嬰歿往齊侯趨車而行哭吾儕受知夫子鳳不及棲龍不暇伏望表景附聆聲響和猶百川之歸巨海鱗介之宗遍龍邇今夫子已矣誠生民之極哀也其尚能從容捉管為文以哭之耶況繪天圖海安所措思能悉數夫子三十年來全忠大節嘗甘茹苦萬分之一耶雖然不忍言不忍不言憶夫妙齡發雋黔南楚北士頌文章及其筮仕介汾兩邑皆犢墻也當時銅墨無貢篚篋不飭其誰為龔遂黃霸也

者類有夫子囊雖煦類爰晉遼寇處中原授斧鉞者兵刃不血縮符綬者廿城不罪鴻雁未集雀鼠公行其誰爲蕭曹魏丙也者類有夫子楚撫之命方新左帥之壘巳變方城之骨高於山江漢之血深於水勦固難言撫何容易其誰爲臨淮汾陽也者類有夫子南北迭陷天下悸凶闖粤不友人心搖動二王奉書而所署可廷臣延頸而望闕章其誰爲伊尹周公也者類有夫子星沙不守武攸亦降湖南之半壁難撐粤西之畢門巳震一旦誓師而起數勦子甲日月橋頭三逆之鼎折其兩足永全城下百隊之馬

殄無一逃其誰爲召虎方叔也者賴有夫子奈何天不憖遺中湘突犯劍履踉蹌兜鍪委棄今之寘者伏者挾輜車者擁妻孥者莫不生還其誰爲嚴將軍頭顏常山舌也者亦賴有夫子何夫子之前智而今愚也耶於戲夫子有胡威公之清而不以耿介名有陸宣公之筆而不以麗藻名有汲長孺之敢而不以直戇名有弘乖崖之威而不以搏擊名有賈長沙之達而不以痛哭名有范希文之宏納而不以吐握名有司馬丞相之儉約而不以布被名至夫子所爲艱難萬狀勞苦一生者國家知其八九百姓知其五

將吏知其三遠方士大夫知其一二餘則悠悠之口與蒼蒼之天遞分其明與昧而已嗚呼見龍等互鄉小子安足以知夫子惟是夫子之勞已極而莫慰夫子之功垂成而遽亡將號乎未足發我憤懣將泣乎爲其近於婦人不忍言不忍不言勉攝夫子生平對靈几而呼跪以告龔夫子亦含淚而來見門弟子輩之深痛大慘不在區區醮酒迎牲間也抑更有請焉吕氏曰說義不稱師命之曰叛君子不與交友賢主不納之朝司馬溫公曰背師責友之人爲子必不孝爲臣必不忠今者師業未竟佑啟世兄附龔攀

鱗桑榆可竢敢有越青松寒白水作翟公之容者師靈非遠赫於上方其不負師於幽冥可乎於戲哀哉

祭何文烈公文　明辰沅靖道按察司副使五開倪知化六知

嗚呼公國柱也而今摧矣短柱其若之何某與公生同鄉幼同學長同遊仕同方誓以不負君者不負國公洵不負國者也公不負國某寧敢負公乎滇粵戰士大半離心北來降卒率多背畔日夜撫摩無以塞責遲日必與公相會於地下以共白其不渝之志也公其鑒焉原註倪公遙祭之後亦絕食七日而歿

墓銘

黎平府學教授偏橋朱應舉霞峯

嘗讀史至文文山以身殉國萬變不渝卒之從容就義於顛沛流離之際輒掩卷而歎曰此有宋之一人哉而古今來不再見者也後三百餘年而有雲從何先生者出作史者悲其志痛其遭殆與文山有同慨焉先生處明之末季寇氛騷然國運既移神器有主當是時雖督師百萬吾知其無能為矣先生乃以大義自奮指天誓日收已散之人心續既墜之天命以庶幾乎中原可復神器可返至於內難互作躬犯險阻幾沒江河卒以區區十萬之粵師恢復

湘潭稍延一綫其志亦良苦哉無如天不祚明身與國俱亡唉之以爵祿而不顧加之以刀鋸而不辭已乃七日不食從容朝南再拜而卒其大節凜凜足以震動天地摇撼山岳視文山前後如一轍也而其艱難之遇則過之矣余謬以不才司鐸黎陽得奉祀先生於鄉賢祠又嘗往來過先生之故宅不禁慨然想見其爲人既與此邦人士弔古興懷考論之餘得先生狀自布衣時早以忠孝自許及同里朱公萬年守萊州流寇孔有德至罵賊死城下不少屈先生聞之曰好事朱公先我而爲之矣其忠烈之懷矢諸

夙夜如此始歎曰古今來忠臣義士之所以生死一節而不變其寒者其自許固有素哉文山云人生自古誰無死留取丹心照汗青於乎先生之死先生之心亦若是則已矣先生作古人方數十年而後嗣乏人墳墓不治行道傷嗟至是先生之曾姪孫琮始倡義約其族源洪昱化文耐等爲先生修墓立表乞言於余以銘諸石余既重先生之大節而又嘉琮之不忘其先人不能以不文辭也因序其事而銘之銘曰

五溪以南百粤之東郡界牂牁萬山巃嵸毓斯正氣誕降

我公胸懷磊落大任在躬孝廉既舉移以作忠才優歷試郡邑兼治聲聞於朝擢以不次公爾忘私鞠躬盡瘁天步艱難灑血成淚一綫式微四方執玭矢志復國爰統六師昊天不弔顛沛流離疾風勁草生死以之取義成仁亦孔之悲公身云亡公事亦畢布衣之志終身勿失烈烈轟轟垂芳史筆嗟我後人永爲表率

論

開泰訓導貢銑陳文政冠山

二十一朝中文信國公何赫赫祇而何文烈公同之信國公宋末竭力盡忠輔二王公明末竭力盡忠輔三王險阻艱難其時同其勢同其志同元執信國公於五坡嶺張宏範曰國亡丞相忠孝盡矣能改心以事宋者事今將不失爲宰相也信國公泫然出涕曰國亡不能救爲人臣者死有餘罪況敢逃其死而二其心乎　國朝執公於湘潭遣之書其畧曰今天厭於明神器有主尚思收既覆之水然久死之灰棄身不顧而單騎彼執心與文文山一轍而境

遇之艱難倍徙過之忠貞亮節誰不憐惋先生之道蓋矣若肯承命天意知命來歸當不讓洪承疇之一席也公報書曰某少壯從王運逢屯蹇甲申三月自分一死所以苟延至今者思蹈汾陽後塵也不意志切才疎致茲狼狽負恩辱國臣罪當誅尚可苟延人世乎邱墓妻子不敢顧頭可斷心可剖先王先公實式憑之不爲利動不可威劫百鍊之剛又自相同信國公過金陵詩曰從今離却江南路化作啼鵑帶血歸公自悼詩曰盡瘁未能時已逝年年鵑血染宗周其慷慨悲歌無乎不同信國公殉節燕都衣帶

中有贊曰孔曰成仁孟曰取義惟其義盡所以仁至讀聖賢書所學何事而今而後庶幾無愧公殉節大埠橋先有說之使降者公拒之曰孔曰成仁孟曰取義衣帶之遺彼則行之我則繼之吾志決矣勿復多言從容赴義公又自許同信國公也黎平有神魚井人謂公乃靈物所化信國公亦係湖蛟廬陵人至今能言之兩公行事若合符節宜其相同若是也宋三百年而有信國公明二百七十餘年而有公其養士之報同元聽信國公盡國難　國朝祀公鄉賢褒嘉忠烈正自相同也兩公可謂同有千古矣

鄉賢祠記列正自福同也兩公有吉十分
而有公其義士之號同元聽循圖八謚圖謚圖德祀公
其相同符世宋三百年而有衛國公田二百七十餘年
公所係謝枋盧陵人至今能言之兩公行事皆合符節宜
并同入圖公也參年右神爵井人謂公乃靈物所化信圓
則行之故則謚文吉志決矣乃復以言從容也謝公又自
說之市使將若公行之日孔曰成仁孟曰取義故衣帶之遺教
賢書所學何事而今而後庶幾無愧公為節大帶猶有
中有贊曰孔曰成仁孟曰取義惟其義盡所以仁至讀聖

記

郡人顧滋栁萬綸

明末湘潭之變吾郡督師何公被執七日不食以死後世載大阜橋邊誌死所也永明王哀悼賜祭贈中湘王謚文忠嘉誠正也我　朝崇祀鄉賢表揚史冊昭訓與也郡之文士搜羅公之遺事裒輯成書名曰忠烈編命余爲記夫忠者中也爲臣寶忠者也然有異際焉貢賢獻能物而順化是謂之博濟忠在社稷矣正色黜私出憂君入憂民是謂之一志忠在職位矣主憂則臣辱主辱則臣死是謂之殉國忠在天地矣嗚呼人臣殉國而忠在天地焉豈得

已乎哉余讀明史至湘潭之役掩涕焉明以仁厚立國禮義養士當大國步艱難擾攘之亂三至獻賊而極播越之禍五至湘潭而慘食士之報且眾至公而大以盡蓋外矣欽其風而悲其志矣夫自左帥跋扈如桂如全如常皆孤軍倉皇蹕駐無可據之地守臣制帥死者執者叛以降者飈迅蓬斷無可圖之將收亡集散裂裳爲幟茹乾而飲滷無可用之兵亡君立君遺孽弱息朝不謀夕無可全之勢乃變星移屯幾厄兆複無可爲之時公豈非獨微者哉且猶間關跋涉五歷年所瞿瞿然皇皇然致望大義勝功濟

庶幾一旅一成之舊以圖恢復卒之魂漂江水血碧長橋而後已聖賢所謂臨大節而不可奪者非歟嗚呼可自諒者心也可自制者命也其不敢諒以制者天也是故否泰相承世祚幾易而綱常元氣獨磅礴於宇宙無窮之內者我公之天定矣焉知天下後世之景仰我公者不有如武侯武穆睢陽文山者耶焉知我公之精英不爲星辰河嶽以效靈於世耶太常公云生作奇男子死爲烈丈夫又焉知公之志氣不與萊州相伯仲耶夫然後知公之所係者大也詩云昭回於天我公有焉

跋

郡人王朝選書

今夫當國亡身擄之日勝代孤臣報國報君祗有一死則死尚矣雖然死同也而其所以死有難易之不同彼貪生苟祿朝仇敵暮君臣反面汙行屈膝屈節之不顧者雖醜然而人面战直禽獸耳萬年遺臭何足掛齒獨是素無幹濟之才居常不足爲有無逮臨事變碌碌無所表見無可如何徒塞責一死節立而詘於才雖非屈節者之所敢望其項背而其所爲亦易矣他如於天心已去國運已絕之際必欲出其素裕之才猷經營推挽與天心爭去留與國

運爭絕續不畏艱難不避險阻不計成敗利鈍不知得失利害竝不二心於流離困苦不愛生而必惜其生早辦一死而必不肯遽死直至臣力竭矣生不能生而後報以一死若孔明姜維之於漢張巡許遠之於唐秀夫世傑之於宋洵易乎人之所難者也故曰死天下事易任天下事難乃其難易猶有進人臣盡忠報國甘出於萬死一生之途冀必挽回天心國運於萬一廿且不幸身爲俘虜惟恐其我挽而不肯一接其人若坐塗炭而不能一息少安於其地倔強忿怒激烈詈罵發其雷霆逺其鼎鑊刀鋸以爲快

嗚乎可不謂壯哉而君子猶易之非易之也謂其更有難於此者也曷更難乎爾難其心之必死而不必急於死也難其心之必死而人不卽我死而不妨且不死也難其心之必死而不妨且不死及人欲我死乃不難從容以死也故夷齊待刑於首陽而周終不問因餓死以行其志不然豈不知首陽固周之土而蕨薇固周土之毛哉文文山終日坦然讀書於元閣待死於五載之後無異死於五載之前安於死之所至而不計時之前後也不然趙時賞以身代不可劉子俊以身代不可而顧偷活以苟延旦夕哉則

是無死之之人倘我而不死將終不死矣故從容以自死而非急有死之之人我雖不難自死而終可以死故從容待死而非緩洵皆爲易乎人之所更難者也蓋我之於我爭死生不爭遲速吾自被執而即欲引決已必死矣而偏不能死是天尚未即我死也既而不拜不屈又已必死矣而偏不得死是人尚未即我死也我既必死則我之視我已死矣所未即死者徒此七尺軀耳我視我已死矣此七尺軀何必即死乎矧天與人既不即我死此七尺軀何不可聽諸天順乎人而一任其遲速乎又何必以有心

莫乎然則人之慷慨以死者雖非恐久之變節故速其死也惟歷久而不渝安以待時而不屑屑與爭遲速較而觀之固無大優詘而終覺彼之未免有心此則行所無事矣彼之必欲成其節義此則竝見其學問涵養矣故曰慷慨就死易從容赴義難今觀於中湘文忠王何公又猶能皆爲其難而若無難者公以天挺人傑受節鉞於國勢既去之日不敢諉於天不敢貸於人鞠躬盡瘁冀以挽回明祚之藹一楚南粵西間屢顛屢蹶知其不可而必欲有爲而卒能有所克復尚天不欲速明之亡成敗未可知也是公

之於明詎不猶孔明姜維之於漢張巡許遠之於唐秀夫世傑之於宋而非碌碌者可同年語哉迫其後被執而不屈之志堅如鐵石志在必死矣 國朝珍愛忠義不即死之乃公則慧德寺可以居居不食而可以七日盡節之時微雨可以拂倦懷詩可以詠故主舊君可以振衣冠而再拜於乎我公之從容赴義不又與夷齊文山後先輝映而非徒慷慨云爾哉故觀於公之所爲三代以來至於今僅指數人而已世傳洪武初營設黎城青田云幾三百年來一偉人出然則公之生寧偶然乎余讀公之傳而悲公之

志不遂既而歎公之所爲爲人之所難爲人之所更難又不知目公爲何如人云爰詳之顛又爲之跋以誌慨慕時

雍正丙午冬十二月同里後學魚泉于朝選中青氏謹跋

何文烈公祠記

黎平知府廬江吳光廷撰

黎平城內有五山號五龍在城南者號南龍山山麓有前明督師何文烈公故第前有井曰神魚井乾隆癸巳仲夏光廷奉　命來守是邦道經斯井見其水泉清洌自下湧出有大小魚百尾潛遊井中詢於居人曰此非神魚也乃人所畜耳昔何公初生有雙鯉飛入井中後常有五色魚見迨公殉節井魚遂空相傳公乃神魚所化猶宋文丞相之爲湖蛟也故以神魚名井焉嘗讀明史列傳載公之事備矣獨無所謂神魚也因訪公族裔出其家乘紀公之事

尤詳公諱騰蛟字雲從一字祥升其先山陰人也遠祖誠
因事戍黔之五開衛遂占籍焉父東鳳以貢士任雲南新
興州學正告歸設教際里所公隨侍訓課甚嚴公初補弟
子員試鄉闈未售伯兄起蛟先以孝廉任四川內江令往
依之兄欲激成其志戒閽者勿納遺以百中經及錢一貫
遣之公歸讀書南泉山登天啟辛酉鄉榜今山中天香書
院即公讀書處也公嘗自山入城省親及還遇巨蛇當道
公叱之蛇即遯去聞者咸以爲奇公奉諱旋里時聞同邑
朱萬年盡節萊州喟然曰此等好事他人竟先爲之耶蓋

其忠出於天性而然公之復全州也我 朝遣兵至黎取
公家屬四十餘口置軍中以書招之不顧及在湘潭被執
固山佟公勸之降公曰我大臣不幸被擄豈以一身事二
君可速殺我佟公不忍送於慧德庵公正襟危坐絕糧七
日不死命僧取江水一盂飲之曰此水自衡來猶吾君之
水也藉滌腸胃死瞑目矣我兵歎曰眞義士也遺絲帶紅
巾各一公乃慷慨賦詩有盡瘁未能時已逝年年鵑血染
宗周之句吟畢步至大埠橋下自縊而死時順治六年正
月二十六日也年五十八歲庵僧瘞之城外居民呂凱甫

不知道宅於上常見衣紅襖者坐室中庵僧至黎平告其
事族姪孫之珏及公壻周必大往呈沅撫張公飭湘潭鄭
令發視見白骨一具趺坐儼然改葬於興唐灣至康熙十
四年襄陽翰林陶汝鼐公門生也以公忠跡顯當事題請
奉　旨歸葬黎平墓在郡西郭外左百步今土名西佛崖
者是也公母廖太夫人早卒繼母孫太夫人及公正室徐
夫人副室王夫人幼子德生長生在籍我兵至黎取公家
屬王夫人以刃抉喉而死族姪之珏妻龍氏何俊民妻趙
氏何源長妻張氏亦從死餘四十餘口彼執至楚及公殉

難徐夫人卽自盡幼子二人溺於漢水族姪何俊品亦抱幼女赴漢水死公長子文瑞副室王夫人所出也時値桂王以公死難擢僉都御史後以病卒於南寧餘不知所終又有宣威伯楊一營着鄂國公馬進忠遣至湘潭會師値公被執單騎入城七次被矢滿體欲奪公不克遂自盡此皆正史所不載而黎郡縉紳父老至今猶能言之嗚呼當燕京旣陷南都踵亡福王就擒唐王繼立湖湘一帶盡爲戰場加以來附者俱賊徒領兵者多驕將督師之令或格不行我兵所臨咸無固志公於此時非不知天命有歸人

心難挽顧以身爲大臣義不坐視欲守一隅之地延明祚於萬一百計綢繆備嘗甘苦事雖無濟卒殉以身若公者誠可謂鞠躬盡瘁死而後已者矣自公死至今已百有餘年而桑梓之地祠祀缺如非所以表忠貞示風厲也光廷擬卽公故第爲祠而基址淺狹且經數售矣適附近南岡有周姓地頗爽塏郡之紳士呈請勸捐立祠奉祀並於祠旁建書院以造就人材因率僚屬捐俸以爲之倡於是合郡士民欣然樂輸甫一載而祠宇院廳俱已告成又公之族裔名得義者隨征金川奮勇陣亡族人憫其無後請以

應得卹銀捐入祠中交鹾業生息以供春秋祭費而[illegible]

亦從祀焉於此見公忠烈遺風千載不泯而此邦人士好

義同心洵足尚矣因爲之記時乾隆四十一年歲在丙申

夏五既望

長新 按此記刻石祠壁府志略有删節並有偶脱誤處

今參校錄之

何公祠祝文

開泰知縣吳縣陶履誠實卿

惟公績著前朝望隆故里鍾山川之靈秀正氣如生維宇
宙之綱常典型是式成仁取義媿美文山盡瘁鞠躬追蹤
諸葛挽將終之天運獨力撐持收已去之人心隻身擔荷
致命殉厥殘疆易名隆於　昭代景仰先賢虔修祀典蘋
蘩芹藻恪申守土之忱簠簋豆籩潔致明禋之薦伏乞歆
格鑒此微衷尚饗

長新按何公祠與書院同址守土官時一瞻禮未有常
祀道光庚戌邑侯陶實卿先生以豕一羊一致祭祠下

詢悉經費無常難期久遠乃籌劃距城四十里馬獅岡
歸公田四百餘坵撥入書院內除先年所設義學二處
館穀餘作每歲正月二十六日官紳祭祠之費及新設
学課筆資有咸豐元年碑記在書院壁間陶侯蒞任三
載以興利除弊為急惜不久被議去職四年甲寅在遵
義軍營帶練追賊與都司保山遇伏戰死於遵義城北
三里之乾田壩時八月二十三日也黎之人追思善政
欽仰藎忠乙卯春奉陶公木主於書院後堂每屆何公
祠省牲之期紳士等即祀陶公以寓飲水思源之意云

重修何中湘王墓碑記

黎平知府益陽胡林翼撰

此　國朝賜謚忠誠前明中湘王何文烈公之墓也公重蹟詳史策志乘與文信國史閣部先後爭烈剛大之氣與天地同此不朽豈徒恃此一坏之土哉墓初在吾楚之湘潭嗣遷葬於此距黎平城西門里許歲久傾圮不禁樵牧咸豐元年辛亥林翼來守此土二年壬子命工匠甃以石竝環以牆周圍十八丈墓前立表凡二墓右立室凡四楹工庀材則此邦之賢士大夫力也又畫公田四坵以食守墓人謹誌其歲月於碑陰以示平生景仰之意云爾時在

咸豐二年歲次壬子十一月二十日

忠烈編卷之三

黎平何瑩庵
貴筑陳冠山　先生原本、黎平胡長新子何重輯
受業彭應珠靈淵校

詩

何騰蛟

長新按公遺集無傳奏疏書劄俱見編年紀略中陳本芟去紀略而擷其事之散軼者作外傳裒奏疏雜文各自爲篇茲攷何氏書以編年紀略爲職志因校訂以還其舊仍依陳氏例集公文爲一卷末增制藝二首特錄大埠橋詩冠諸簡端所以著公成仁之蹟

也黔風舊聞錄又載公述懷詩今竝採列於篇

大埠橋口吟一律

天乎人事苦難留眉鎖湘江水不流鍊石有心嗟一木淩雲無計慰三洲河山赤地風悲角社稷懷人雨溢秋盡瘁未能時已逝年年鵑血染宗周

長新按黎兆勳上里詩系云黔風舊聞錄此詩竄改失眞蓋眞誠懇摯浩氣流行不以詞語工拙爲重者忠臣義士之言也况公是作更無可待更改者乎

述懷

列祖艱難業諸臣敗亂重揭竿何太夥制梃竟無從國是
成窺肉軍謀競養癰劇懸心力竭無計掃羣凶
長新按傳玉書黔風舊聞錄云予童時嘗從先子識同
里世官宋氏宅見架上庋歷書數十冊破爛多前代書
偶翻視於中得詩稿一幅乃宋氏祖名德遠者所錄錢
唐少喜李少白自楚歸詩二首後附忠誠二詩因錄歸
而藏之後每上公車輒就忠誠鄉人訪其遺文了無所
得且並不知有此二詩意忠誠受任後日蒼黃戎馬間
當永明王時部校有劉承允者守武岡以忠誠薦起至

大將漸驕倨不奉節制矯稱忠誠調别鎮兵委官往於彼乃折箠使之大怒馳至忠誠家執其子索餉數萬然則忠誠未殉國時家已先破厥後更無論巳宜其鄉人之無所得也李少白以退林下其遊楚也或卽忠誠湖湘開鎮時其自楚歸或亦忠誠殉國之後故開少詩有十載風塵斷潮殘月之慼開少後爲僧號大錯居吾里之後巖山主卽宋氏世官德遠竹林也宋氏及鄉人子弟多從開少學又意忠誠二詩或少白自楚攜歸而開少得之宋氏又得之於開少故兩人詩竝見也

奏疏

何騰蛟

爲假太子疏（原註時順治二年乙酉乃宏光元年與左良玉黃澍等二十七人連名上）

題爲逆輔茂制無君明害皇嗣謹聲罪討以妥先帝神靈以抒天下公憤事竊見逆賊馬士英出自苗種性本兇頑臣等身在行間無日不聞其惡狀無人不恨其奸邪先帝皇太子至京道路洶傳陛下屢發矜心士英以貞爲假必欲置之死而後快臣前疏望陛下從容審處猶冀士英夜氣猶存或當剔腸改過以存先帝一綫不意奸謀日甚一日臣自此義不能與賊共天日矣臣已提師在途將士眦

目指髮人人必欲快食其肉臣恐百萬之衆發而難收震驚宮闕臣罪何辭且聲其罪狀並告陛下俯祈剛斷與天下共棄之自先帝之變人人號泣士英利災擅權事事與先帝爲難逆案先帝手定者士英首翻之要典先帝手焚者士英復修之思宗改謚明示先帝不足思以絕天下報仇雪恥之心罪不容於死者一也國家提衡文武全恃名器鼓舞人心自賊臣柄國以來賣官鬻爵殆無虛刻都門有職方賤如狗都督滿街走之謠如越其杰以貪罪遣戍不一年而立陞都堂張孫振以贓汚絞犯不數月而貪緣

僕少袁洪勳張道璿同詔獄論事者借起廢覔復原官如楊文驄王炳發及趙書辦等或行同賊惡或罪等叛逆皆用之於當頭凡此之類直以千百計罪不容於死者二也閣臣司票擬政事歸六部至於兵權猶不得兼握士英已爲首輔猶佔握兵柄不放是弁髦太祖法度且又引其腹心阮大鋮爲添設尚書以濟其篡弑之謀兩子梟獍各據重兵以爲呼應司馬昭復生於今罪不容於死者三也陛下選立宮妃典禮攸關士英居爲奇貨先擇尤者以爲下陳罪通於天而又私買歌兒舞女寄於阮大鋮家中希圖

造進計亂中宮陰謀叵測罪不容於死者四也陛下即位之初恭儉仁明士英百計誑惑進優童豔女損傷聖德每對人言惡則歸君罪不容於死者五也國家遭此大難須寬仁慈愛以收人心士英自引用阮大鋮以下睚眦殺人如雷縯祚周鑣等鍛鍊周內株連蔓引尤其甚者借三案爲題深埋陷阱將阮大鋮生平不快意之人一網打盡令天下紳士重足解體罪不容於死者六也九重私密豈臣子之所敢言士英遍布私人凡陛下一言一動無不窺視又募死士窺伏皇城詭名禁軍以伺陛下動靜曰廢立由

我雖不容於死者七也率土碎心痛號者先帝殉國皇子猶存前此定王之事海內至今傳疑未已況今皇太子授受依分臣前疏已悉士英乃與阮大鋮一手握定誅殺的確認識之方拱乾而信串通朋謀之楊維垣不畏天道神明不畏二祖列宗不畏天下公議不畏萬古綱常忍以先帝已立七年之嗣君爲四海謳歌訟獄所歸者付諸幽囚天昏地慘神人共憤凡有血氣皆欲寸碎士英大鋮等以謝天地先帝非臣之私言諸將士之公言也不獨臣標將士之言天下忠臣義士愚夫愚婦之公言也伏乞陛下立

將馬士英阮大鋮等肆諸市朝傳首四方用抒公憤臣謹東兵計刻以待不禁大聲疾呼激切以聞原註時寧南侯左良玉跋扈欲擁兵入朝以清君側公以旨意未下而遽興兵犯闕是欺君也百計阻之乃單上疏

太子到南何人奏聞何人物色取詔至京士英何以知其爲僞王昺姪孫何人舉發內官公侯多北來之人何無一人確認而泛云自供高夢箕前後二疏何以不發抄傳朋

旨愈宣則臣愈慼此關係天下萬世是非不可不慎也

夏六月疏原註時公因左逆逼行赴水復生與文武各在其事以圖恢復故有此疏

題爲內變一時突起微臣就死明節謹痛陳始末仰祈聖

鑒並懇速發兵馬救援以重上遊事臣蒙先帝授鉞十七年正月至九江與藩臣左良玉聯兵而上相與一週無事不推誠質信以期一當客歲五月承天潰下勢甚洶洶藩臣忠義自矢固其天性臣愚竭力調停嘔盡心血得以少延不意春來闖信突聞藩臣慮外援不至内軸一空相對攢眉憂形於色臣正在明訴娭飭扞掫以禦大敵奈何僞太子之事忽傳藩臣突然東下臣百計難挽寒多暴少深根固帶竟不可得就裏情節日期備在前兩疏中想皇上撫慰多方可無他慮惟起行之廿三四兩日兵不解將意

而武漢之男婦屠掠一空卽臣一弟一姪三僕煢煢相依
爲命者俱不知下落矣城門民居暨臣之衙署皆成灰燼
矣然臣標兵久在艮玉開藩全楚之餉亦在艮玉臣旣不
能與之爭是臣原無一兵足恃卽與民守二十七里之空
城屍橫骨徧烟斷魂消憑誰與守撫今追昔能不愧然尤
可異者各鎭將佐俱欲挾臣偕行二十三日下馬躝入院
門前後刀箭並至臣挺然受之不懼相煎之甚臣乃隱忍
自抹又以扈從力挽不克遂旣而勇赴江淘自竹簰門流
至漢陽門氣將垂盡突爲小舟撈救後始得脫臣亦庶幾

矣殘廢餘生遂日與帶傷之司道廳縣商固守之策識者以爲絶處逢生無中生有古無是法臣乃檄調武屬鄉兵苟延旦夕賊現在窺漢臣亦多方招撫許題厚恤而討亦窮矣懇乞皇上念危地死臣速發兵馬錢糧俾臣得以憑藉振頓況鄂事久有主者臣仍請勅臣躬至湖南會師積餉順流直下以固上游少遲臣惟有始終一死以報陛下而已伏乞勅部卽日議覆

檄文

原註公遣使上疏帳下文武部署既定卽遣章曠持布檄出師

悲哉時至今日成何世界離亂極矣兵家五字戰守死走

降以今戰守勿道又諱死不言走乎我瞻四方將安往乎降乎毋論毀形昧心義所不忍豈不聞諸公旗下摧辱萬狀乎戰守不成走降非策則惟有一死語云死士一萬橫行天下何苦戀此七尺耶不能往無不濟復君父之大仇雪國家之大恥昭臣子之大義此七尺又何曾不死騰蛟不敏標下死士三萬願爲諸公前驅然後張將軍先壁出茶新曹將軍志健出猶義合寧章贛黄將軍朝宣出醴萍循袁吉周將軍金湯出澧滋忠貞十八鎮出興歸聯絡川蜀水師出夔峽併下荆襄既無東憂又張西勢併力直下勝氣在我

而況劉將軍[承允]以寶師馬將軍[進忠]以荆師王將軍[進才]以岳師盧將軍[鼎]以武漢袁吉之師董將軍[英]以總督標之師張署將牛署將向署將以澧州之師袁將軍以本營之師王將軍[鳳昇]弁鳳衛以援勦之師水陸步騎百道併進或壓其首或繞其背或抵其腋或披其肢又況齊嘉豫漢之雄兵柯陳麻黄之義旅動以百萬引領南望將一呼而百應諸君何貳何虞不一奮戰乎今與諸君約從騰蛟之言則富貴可長妻子可保致身爲忠臣竭力爲孝子不從騰蛟之言富貴如朝露妻子被俘掠爲叛臣爲賊子爲敵國所

取況朝廷之法紀尚在我太祖高皇帝大行烈皇帝之靈爽赫然騰蛟秉尚方不畏強梁寧畏悍帥天下義旗回指恐不能爲壽於旦夕也檄到毋忽

復備陳楚事疏（長新按舊藏此疏上承明王令考疏中情事乃乙酉秋冬上唐王者）

自三月左師潰下武昌陷臣保長沙七閱月矣初至時僅有撫道標兵二千滿目荒墟調兵不應募兵不及一苦也方調王馬二鎮之兵駐岳赴救武昌而猝聞南都之變人心震駭二苦也數十里闖賊奔逸漫山亘水突如其來三苦也臣雖聯絡鄉團數百部方向義就公而李敵左孽合

勢窮突傷弓曲木旦暮颺去四苦也迎機布置發遣渡江糗糧無從而兵馬一空拮据更憊五苦也長沙恃洞庭爲險今武昌檣櫓一帆可至門無阻域則無險之難江右係臣接壤金叛蹂躪僅存一贛發援孔亟粵西亦係臣切屬靖江不量妄擬監國長新按明史瞿式耜傳略云崇禎十七年福王立於南京八月起式耜應天府丞巳擢右僉都御史代方震孺巡撫廣西明年夏甫抵梧州聞南京破靖江王亨嘉謀僭號召式耜拒不往而檄思恩參將陳邦傳助防止狼兵勿應亨嘉譔亨嘉至梧劫式耜幽之桂林遣人取其敕印初式耜議立桂端王子安仁王及唐王監國式耜以爲倫序不當立不奉表勸進至是爲亨嘉所幽乃遣使賀王因乞援王喜而亨嘉爲丁魁楚所攻勢窘乃釋式耜式耜與中軍官焦璉召邦傳共執亨嘉亂遂定不能爲助反以爲仇

則無隣之難臣標道標新營舊營精銳實可三萬月計餉本折六萬餘並湖南湖北分汛鎮防者月計十餘萬道路四阻百姓死亡幅員既蹙物力有限則無餉之難瘡痍徧及處處動搖不肖先聲馳騖忠義不知爲何物威令不行則無法之難閽陛阻遠入對無時旦夕此心何從呼籲催與督學道臣堵允錫長沙道臣傅上瑞監軍道臣章曠痛憤咨嗟不能爲功臣當爲忠臣以報陛下一日之遇則無告之難伏乞皇上鑒臣諸苦存一時防守之公案救臣諸難圖萬全恢復之至計速與在廷文武會議了徹立晃

施行

請唐王親征疏長新按明史傳騰蛟屢請幸贛協力取江西考疏中由虔贛以入楚豫云

云蓋公已通籌中興大局無如王以權臣掣肘不得早達公軍中爲可慨也公屢以疏請必尚多剴切指陳之語惜皆不可見矣

陛下以高皇帝神孫應南陽聖運普天血氣莫不傾心讀御極之詔則曰眞人出矣國有君民復有天矣讀親征之詔則又勃然奮臂曰天兵發矣敵頸可繫國仇可復矣人心萃渙之際卽天命去留之關乃者期已居而仍稽兵出關而中晝使天下志義之倫始而企再而思三而疑茲且

矍矣遐邇通情正需此日事機一失安能再來河南爲華夏之中荆湘據上游之要誠能力破淺謀獨抒神斷由虔贛以入楚豫用中原之智勇以取中原大勢既張大權在握天下全局指顧間耳偏之與全守之與創大小經權各有其宜不圖其全終隅於一我之所往彼亦能來臣等疾首痛心誠不能以逆料夫餉不加輸日糜則匱兵不再設善用斯強更何貳何虞而局濡不決乎

上永明王疏 長新按據明史順治三年十一月永明王自立於肇慶會大兵出福建取廣州肇慶大震內侍王坤奉王走梧州四年二月由平樂潯州走桂林既而平樂不守武岡總兵官劉承允

以兵至全州遂趨承允軍中三月封承允安國公承
允挾王歸武岡改曰奉天府政事皆決焉是時長沙
衡永皆不守公與侍郎嚴起恆走白牙市六月
王遣官召公密使除承允疏蓋上於此時也

臣推原禍本其端有四一曰上下之情不通一曰文武之氣不奮一曰形勢之算不豫一曰嫌疑之端不消陛下入武岡以來不揣何故而賢臣閉忠臣隳詔旨失其鄭重法紀等於飄忽格格非一事鬱鬱非一端任事者無不曰吾爲天子報效而奄奄之氣每多不振無乃譏讒之慮深於內而精神疲於外乎無乃忠矢天日不足鑒而建功於外深可危乎使武岡果有山川之險兵甲之雄粟米之富粗

號偏安然未有處一隅而圖四海之大者況堂堂萬乘各鎭皆欲爭奉之以成大業而欲舍人心以祈天命漢唐宋以來未之前聞今日移蹕大計敢惟皇上自擇自行督師一人護駕敢有借題議迎議留議幾者惟衆共殛之所求已靖桂林無恙審楚粵之要莫先全永侯衡長報復仍還湯沐皇上一啓行而嫌疑消形勢豫文武奮上下逼保宗社者在此保武岡者亦在此

謝褒慰疏 原註公家屬被執永明王下詔褒慰謂非卿不能有此難非卿不能處此難公疏辭

臣讀易之爻辭曰艱貞吉又曰有悔貞吉內難而能正其

忠臣知所以自處矣曾記唐李晟家眷百口陷於賊營軍中有言及家眷者晟泣曰天子何在敢言家乎郭子儀與僕固懷恩不善懷恩使人發其塚墓子儀入朝上問之子儀曰臣久在行間不能禁軍士暴掠今日之報是其應得臣才品不及二臣而捐軀爲國之心千載而下可以相質

湖北千里一空疏原詔堵允錫惡馬進忠令李赤心來常德進忠焚城走武岡允錫赤心亦遯長沙公時駐衡州聞之大駭故有此疏

進忠赤心等勢不相下恐變生不測即使彌縫無事而以數十萬衆共食湖南新定之地措餉無策民譁兵盡土崩

瓦解事在目前欲令進忠等分路立功亟請聖斷處分嚴
諭以彰畫一

長新按何公奏疏諸篇皆忠懇流露惟假太子疏非公手筆明史亦載爲左良玉疏言其爲連名所上出自黃澍可知第馬士英之奸惡皆成於阮大鋮之慫恿而亦有不盡聽其言者青浦王昶春融堂集顧在觀傳云在觀字觀生華亭縣學生陳繼儒見其史選因神明識略不可及也教諭楊文驄命予師事焉馬士英總督鳳陽以文驄故辟置幕府時論者抨擊不休士英患之在觀

曰公素懷坦白無所附麗今昵懷寧故衆情不免致疑
阮大鋮聞大恚士英輔政在觀首以起用老成分別邪
正爲言一時若嘉興徐石麒會稽劉宗周長洲徐汧華
亭許譽卿夏允彝及陳子龍竝登啓事而大鋮憾東林
諸人思誣以謀立他藩一網盡之最後嗾安遠侯柳某
上疏大鋮先詣士英屬以嚴旨票擬士英笑不應大鋮
怒曰東林間諜坐在汝家我固知無能爲也在觀每議
士英大鋮才智雄傑一朝得志爲所欲爲必不顧其後
是事關公門戶且係千萬世清議不宜強爲遷就士英

予竊亦以此意極言之其時不致啟自馬清流之禍者在觀力也明史奸臣傳有士英以南渡之壞半由大鋮而已居惡名頗以爲恨之語足見狎比匈人身敗名裂天長偶見追悔無從不亦重可畏哉獨是士英與何公俱黔人而垂諸史册者一則忠貞自矢收有明一代養士之報一則播弄因人爲南都末造奸臣之首身已陷於大戮惜實出於至愚若士英者黔人士且不暇恨其妬而直哀其拙耳

恢復全州報捷疏略（長新按此疏首尾完中多訛脫字句依編年紀略錄之）

印選有紀律焦璉多籌遊一青敢戰蒲纓熟伍法永祚小鍊化年善守新寧威敵勳敵之張拱濟陶仰用劉廷贊欽大國等共若干人周正營周一烈等若干人□□之李一魁易水汲等若干人本標熊營督僉周□□□若干人馬鎮顏如玠等署鎮姜文選韓起鍾等皆戰將式耜遲籌鹼輓元曦綢繆慰勞、（原註後爲刑部尚書兼理錢穀戶部左侍郎）刑部右侍郎劉廣副都御史劉湘客太常寺少卿丁時魁戶科給事蒙正發寺丞蔡之俊朱盛燦太僕寺卿朱統鉡佐之承祀楚藩

大宗通山王蘊釬與式耜同甘苦勸諭獨先閣臣周鼎瀚
臣周如鼎足遍郊野[redacted]湘山不驚裕飢軍至病
監軍御史朱[redacted]不毛之區桂林通判吳道
魁署布[redacted]糧道參議鄭國藩陽朔知縣王
朝鼎永寧知州魏元翼義寧知縣程士良全州知州蕭永
奇靈川知縣曾大應章疏時鄉人逃散白晝無人影章與
大應走東家橋尋寓舊王石瑜已升嶺呼之下乃與徒步
百里拍撫村民肩背勸其輸應時北騎再薄城中炮聲相
聞三日自東家橋至各村間行迂道轉輸百餘石一千五

百餘金而式邦之輸亦至晏應舉招徠催攢眠食爲廢按
察司僉事邵之驊㑺懸罄而士馬飽騰不擾百姓桂林巡
道路太平孤注永寧力堵叛旅調湏營措兵餉禮部郎中
嚴韋後復云開口德怨不辭下筆成文經濟才也標下職
方司員外胡邦靖標下署鎮吳師棟副將李一魁興安守
備粟濟權兵部司務龍之虬黃維泰方允昌劉鉉監紀通
判龍伸乾推官龍之虹興安舉人唐萬鵬全州鄉官趙獻
素蔣奇生劉國良陶鍾恆全永道中軍參將梁敦圻副將
劉瓊勸輸安撫陸樞某催餉不避艱苦驄馬蕭蕭行行安

堵桂林知府艾法炙捕盜通判朱朝祚同知高遷錦衣衛千戶顧成省城盤詰盧剔監軍周文總巡捍禦史藍亭奉法縱之意而無其跡行催科之事而無其名永州道監軍孫應廖來蒸暑中[redacted][redacted]於觀望之際本標監軍道李大奎進剿當先護軍克捷監軍僉事范炳元破家募旅惜皆不教之民監紀職方主事陳夢甲頗習天文能調兵將曾可藻扼招江抒我南顧之憂視梧郡免彼東隅之失吳德操捐貲而將感投醪巡按而上皆用命原詳以上大略今前四月六日後事

事

何騰蛟

與江見龍小劄

天下壞盡我輩已無駐足之地所恃彼兵取粵收拾尚得兩月不佞乘此閒暇呼應柯陳江北急檄武漢便圖西江與張董會師於袁吉固我湖南今日所恃滇粵二旅需棉被千件得之便是行期今於貴邑量取百件每件銷餉一兩當此仲春之中棉被可置百姓得此一兩更新最便宜事煩臺丈委曲勸諭見錢給買五日內一定應我保身保家保國全在此一舉勿作尋常視臨楮萬分激切

外批至急軍務算不候乞一情緩他事以辦此切切

與倪知化小劉

廣城既破前後俱急喜檄動柯陳江北下愀至九江上慨至德安而李高諸局俱為響應不佞擬月盡一定發師聚省以副期會卽由省間道入江掃蕩力固楚南最為急着最為穩着臺丈闇之當自振起各軍需餉甚要所分巡州縣量地酌應其有當緩者姑緩之以應招集更見才大道心細耳吳秀才收用轅門以供器使謁見一節廢時誤事莫此為甚外有地方應議事不時郵筒見教幸復不一

家屬被執與徐夫人書

夫爲忠臣妻爲節婦死亦何憾族屬之婦女旣入網羅便是刼數俱應速死與王氏並張氏趙氏龍氏等同死於節烈者也嗟乎其不忍言者王陵之母千古傷心趙苞之報寸衷難謝耳

附原書云母近七旬妻亦命婦豈反不如王氏之抉喉族屬之婦女同死於地下實疾望大兵來救麾下諸大鎮豈盡如劉承允之負心救與不救惟信到裁奪之

覆　大淸主將書

爲天下者不顧其家爲名節者不顧其身且騰蛟負性硜拙各奉其事各爲其主各存其體耳文王之政不及妻孥今偶及之是豈先生之初意乎欲掘吾親之墓吾親已歸三尺土世間難保百年不壞之墳擒吾之子身旁有長子尚在可奉祖宗禋祀次子未見面而生仍付之未見面而已繫吾之命妻吾妻年幾六十雖多方點綴不足以供下陳欲掠吾順不能也

附原書云公幼習儒業豈不聞子輿氏云順天者存逆天者亡乎若順天命而歸眞主富貴共之否則親屍被

搠妻辱子戮欲悔何及

再覆　大清主將書

騰蛟少壯立朝運逢屯蹇甲申三月自分一死所以苟延至今者思竭汾陽後塵也不意志切才疎致茲狼狽負恩辱國臣罪當誅尚可苟延人世乎頭可斷心可剖先王先公實式憑之

附原書云今天厭於明神器有主倘思收既覆之水然久死之灰棄身不顧而單騎被執心與文文山一轍而境遇之艱難倍蓰過之忠貞亮節誰不憐惋先生之道

盡矣若肯承合天意知命來歸當不讓洪承疇之上處也

三哨禁革常規碑記　何騰蛟

古今英雄扶危定傾首推唐之李郭李以嚴而郭以寬故河北將士憚光弼之嚴而樂子儀之寬其叱咤風雲頓新日月俾唐祚再復聲稱來茲良有以也吾鎮劉公祖定翁海內人傑也鎮黎一碁聯飛三捷恤軍愛民攘凶弭盜豐亭獻瑞漢夷一家天下方有事此方獨無虞固已芟荆蓁而衽席之矣至待客士凱三營護衛官兵積恩淪髓歡聲若騰從前待部下者皆未曾有頂戴未已繼以謳吟謳吟未已重以勒石管兵官張秉鉞何見龍徐佩琛李諸哨兵

請蛟爲文垂不朽壽棠愛蛟敢頌其畧方今天下流氛滿道三軍帥卒兩不相攝若枹鼓立軍門脆怯蟹横鰓鰓大駭安能叩宮宮應叩商商應如指臂之衛腹心乎公謂擧卒吾之爪牙彼三營環拱碁布星羅俾之内顧有憂外貸無藉芓楯未備堅利爲虛一旦有警何異驅伏雞搏貍貴跛鼈千里也公甫臨鎭卽清察陋規下馬有常規放餉撥舊例乃奮然曰吾兵卽吾一體何得剜肉充腹一槪捐除永爲定則三營官兵始無苛取而悅服矣往者兵無宿飽由欠餉不追數呼庚癸公廉得其實使逋負者一槪輸納

使冒者不得隱蔽舊欠餉銀追給衆兵不惟貧卒獲朝夕而蓑笠襏襫亦得美蔭且也捐及俸薪搜及箱橐賞賚犒功如慈烏之哺雛惟懼乏之食其間竭金幣刀圭燒羊享士若心君之護手足種種不可枚舉夫公以仁恩結士心與士卒同甘苦其與郭令公撫愛將士功維唐社者何以加茲若官若兵戴皇天而履后土久矣余靡曼之詞不足以彰公德然不敢過拂三營之意也於是乎記之

長新按劉先生恂云劉承允漸倨不惜士卒想公此記殆反言以激發之欲共濟國難耳竊謂千古小人當未

得志時必能僞爲忠信而君子亦信任之遂漸以肆其鴟張之氣承允由小校官至大將皆藉何公薦擢意其才必尚有可用者何公以時方多事欲激勵而造就之固非無知人之明也人因承允蒙面易心恐以失言爲公病遂謂此文非公所作豈知承允逆節未萌公肯遽以不肖待人者哉

北塔橋碑記

何騰蛟

嘗聞造物不齊至誠贊化惟茲郡城北地勢若扶搖形鍾上國第小河頭乃閤郡關鍵天乙太乙相承而北拱神京尚有缺陷一臂若疎金體未暢仗五龍金闕縮天關而旋地軸則變理經綸豈異人任也何緣天祚福星參戎藕公攬轡下車朝受爵而夕飲冰撫馭軍民安攘中外一塵不染百務更新固金湯而嚴郊保氣節凜如秉號令而肅秋霜清操冰若坐鎮雅俗五年一日淡如也且如羊叔子輕裘緩帶不動聲色而諸夷拱服闢四境於苞桑保國如家

愛民如子善政難以縷舉是以忠結主知屢受皇綸而躬膺殊寵目擊北河之缺不啻痌瘝切身會同郡伯于公司理江公王公及閘衞所諸屬並三哨官兵各遂捐貲搆木採石刻期興工日有省月有試庶民子來不逾年而浮圖告成凌空絢彩若漢武之承露盤仙掌擎空呼吸沆瀣矣更於塔右思建一橋鎖烟霞以迴旺氣甚盛心也無何陞任留都未竟厥志値定翁劉公奉命以臨鎮一見欣然曰巍塔有建雖覺參天長橋未成尚輸維地何以障汪瀾而迴漭湃乎遂捐俸數百力抵厥成飛長虹於天塹挽浩瀚

於洪波與寶塔鵠立爲二眞曠世奇緣哉昔青田劉氏云此地山環水聚龍鳳呈祥二百年後當有偉人生於其間按數稽之適當運會而三公先後崛起同舉此非常善舉異日者麟閣功高廿棠千古嵩祝萬年當與一方常新亨運流澤無疆也僉議勒石垂不朽以屬詞爲請余詎屬予民且德公造福地方稍以數語記其崖略爲萬年士民祝頌之一斑是記

長新按黎平府志秩官云萬歷九年五開欽軍鼓譟改靖州參將加黎守移駐黎平崇禎閒黎靖參將蘇夢儀

泉州人劉承允金陵人黎平知府于元昺山東東阿人崇禎間推官僅載夏霈陳士璉趙元游三人江王二姓名不可攷蓋紀載散軼舊事之失傳者多矣

鄉墨　天啓元年辛酉科貴州鄉試中式第十六名

子曰知者不惑　何騰蛟

無累於心者故心有常惺焉夫心常惺則知矣知者適得於心惑於何有哉此夫子微言其心也曰人自元初來抱靈體焉良知是也此知湛於天不爲緣擾澄於虛不爲念淆惟以知還知而知體醒已彼世有空言知者此槁吾靈心者也而知淪於寂矣世有紛言知者此蔽吾靈心者矣而知昏於象矣其惟不惑之知者乎不必謝情塵之障而玄覺在中覺之先未嘗屏逆億之封而眞知映衆知之表

人心止此知此心體也即照體也但慮心之爲物累尚慮知之爲境累乎是定之所以慧安之所以慮也吾從知者一無所翳之境而還想其無所不照之境則止有是慧心之耀耀而已何惑也吾知止徹此心此知脈也即心脈也但慮知之逗覺不瑩何慮心之發覺不爽乎是悟之所以濬於虛而睿之所以發於微也吾從知者無所不透之天而還思其一無所蝕之天則止有是天光之湛湛而已何

長新按劉先生恂云明李直寫筆

惑也從不惑求知者則知便成惑起一解添一障矣知者

錄語類此亦時尚不可妄爲訾議

無解而天解朗然此中了悟得到則夫婦之與知者此知

乎聖人之不知者此知乎從知証不惑則不惑便是知空一解破一迷矣知者無知而良知恍然此中惺會得徹則何知之赤子此知乎大知之聖人此知乎總之不以察察爲知而以闇心爲照心在寂而常惺故在紛而常醒知與不惑名轉而體不轉也亦不用皎皎爲知而以識境還默境可以破迷關者自可以遊悟境知與不惑無分亦無合也此夫子微摹無累之心猶其不惑有如此者

唯天下至聖爲能聰明睿知足以有臨也　　何騰蛟

至聖裕於臨而心體全矣蓋一聰明睿知足以有臨則臨之足足於能也而至聖之心體不旣全乎且從古來臨天下者曰太虛虛者天道也卽君道也人君卽秉一虛以照臨天下而天下無不在照臨中可知矣其惟天下至聖能之乎其唯聰明睿知足以有臨者乎曰天下至聖是合天下之知爲先知者也其稟生知之哲而靈用之者耶直以天縱之資樹君臨之範焉是統天下之覺爲先覺者也其粹達德之靈而瑩出之者耶直以神明之質茂建皇之規焉天下非至聖則耳目無以聰明非至聖之聰明不能作

新民之耳目故寂而徹者我知其以聰德臨虛而照者我知其以明德臨要之靈德之體不昧則響自還聰象自還明而聰明仍還至聖也此不足於臨涖而臨涖於誰屬也至聖非睿知不能貫天下之心思天下非心思不能通至聖之睿知故無微不通我知其以睿德臨無障不晰我知其以知德臨要之臨攝之宰常澄則睿自還天知自還人而天下悉還至聖也此不足於統屬而統屬於誰歸矣蓋聰明睿知覺而常惺者晉象也臨則馭而有體乾象也豈至聖以晉象爲乾象不惟揭羣晦之辭且啟羣生之迷而

何天下不歸口照乃臨之宇聰明睿知大覺不惑明德也臨則羣倫普照新民也惟至聖本明德為新民不惟湯者合之闇且開六合之愚而何天下不收光明離照之中豎之臨之足足於性者也故聰明不倚耳目睿知不倚心思性之足者無復不足矣而靜鎮何隔於當陽臨之足足於天者也故不倚耳目而發哲謀之精不假心思而斷神聖之藏天之足者無復不足矣而成物何間於成己惟其有之是以足之惟其足之是以能之嫩螢螢三王五帝皆然心性上立事業故治號□□自□□□以下諸君非治技能

綜繚矣故曰粹而王粹自聰明睿知之說也

東征綏厥士女　何騰蛟

周王東征以安民而王政善矣甚矣士女之需安急矣此

周王征以綏之謂東征爲東安也可孟子述書詞曰佳定

不祥黷武無烈但非周之所得已也毋奈東之弗爲靖[illegible]

而周之疆場固可虞更無奈東之弗爲晦焉而周之蒼[illegible]

甚可惜則東征之舉誠王者綏民一大政也如書既云[illegible]

彼不爲臣矣又不曰東征綏厥士女乎夫不臣者皆貿[illegible]

之瘧瘼我東方者也皆暴紂之虐劉我士女者也是一方

亡不靖以荼毒我四方者也則士女之望綏也久矣而未得息於干戈之戢道則士女望東征以綏之也又久矣迨定[illegible]今茲孽之横行想士女望綏之心若曰東皆周之士子也乃經惡黨之扇虐不能旦夕獲寧亦莫敢誰何耳三千虎賁竟不能剪除之反忍而坐視乎則周所爲不憚其不振塵而咸劉厥敵者正所謂措阽危而衽席之也今而後東方即西方矣其望綏之心又若曰東皆周之遺黎也乃經孽畜之肆横不能頃刻待命亦向誰赴愬耳遁逃於豈不能芟夷之反任其猖獗乎則周所爲不憚兵不[illegible][illegible]

而義旗東指者正所謂拯危亡而覆護之也今而後東方之士女即西方之士女也蓋王師一日未出則士女一日未安非震之以昏慘後之雷霆而甦之以枯槁中之雨露則塗炭者愈甚而延頸者愈危至今憑吊簡篇其綏邦之仁而一出以經邦之武者乎王師一處未到則士女一處未安非振之以張皇之神氣而培之以滋潤之生氣則播虐者愈甚而愛虐者愈危至今撫誦書詞其爰干爰戈綏之正其易飲易食綏之者乎不然童子之寃慘湯既以勸之師而來萬邦之仰望士女之困頓武獨無以觀之兵而

合守内之甦生哉噫湯之徯后武之見休真王政也不此之舉幸敗齊楚之兵而妄談王政是黴寡敵衆之說也卒爲其所噬嚙也宜乎

書經題

臣爲上爲德節 爾尚一乃心力 至 無遠弗屆

迪畏天顯小民 爾有嘉謀嘉猷則入告爾后于内

長新按黄崇蘭明貢舉考略云天啟辛酉貴州典試主事項夢原字希憲浙江秀水人己未進士行人張槤芳字中柱浙江鄞縣人丙辰進士考貴州遹志是科以恩詔增一名共三十八名解元[illegible]買陽人第七名周維新黎平人第十六名則衍公也

莫春者春服既成冠者五六人童子六七人浴乎沂風乎舞雩詠而歸夫子喟然歎曰吾與點也

何騰蛟

狂士志不在知聖人有獨契之心焉夫莫春與童冠而浴而風而詠此無異人之知也點志及之子能勿深與之哉且人情不甚相遠也惟心之立乎超越者而志乃大異矣蓋天懷共適隨境可以偕安性量無營因人可以相得焉之深維其際而賢者無心之論協於有心者之懷也昔吾夫子以言志命點吾意點承夫子問方且有志堯舜曰

衣黼黻文章與九官十二牧此吁而彼咈相與和諧於帝之廷矣茲何以因時偕侶濯體披襟言旋樂歌而爲至人之嘉許也哉推點之心以爲時有可爲不必追盛世之休風服有可樂不必慕垂裳之雅化今人與居不必與四岳而亮采惠疇隨境可安不必入堂廉而搏拊琴瑟莫春乎春服乎實獲我心矣斯時也得冠者可也童子可也沂與舞雩亦可也得五六人可也六七人亦可也浴之風之詠之亦無不可也信斯言也似與酬知之意若不相侔也而子因何以與之蓋以學人一身備道德之全而慕乎外者

不足矜取乎內者可自適與其動而抒民物之大不若靜而養天地之和優焉游焉囂囂而自得焉此其意誰能知之而點已知之矣儒者一心具天人之理而應乎人者不可必樂乎己者有可期與其行之而顯經濟之猷不若藏之而適目前之遇泮焉奐焉綽綽而裕如焉此其志疇能道之而點已道之矣喟然之歎子不因點而相深於無盡哉乃知在曾點也以功名之事則有待而目前之遇則無待也偕人共適正以無待而全有待之猷在夫子也以知遇之事在乎人而相得之理在乎我也嘉與維殷要以重

我而輕在人之遇點也遠矣而夫子更遠也

舜在牀琴

何騰蛟

人不堪其憂虞帝不改其樂也夫焚廩浚井之舜胡爲而在牀琴乎哉君子曰聖人處此樂亦在其中矣章之言曰有虞至今久矣哉已成往事也雖然往事難聖人而聖人不爲所難且陶陶然搏拊調絃可樂於枕榻間者曠代而下猶有誌以相傳焉吾思之吾不能忘之矣夫當日者象之往入舜宮也豈不竊嘗計曰完廩厄都君而不死朕之不幸也而猶有舜在豈不私心忖曰浚井謀都君而已亡

朕之幸也而有舜之不在今日者牛羊而外戛擊鳴球朕
得以陶情矣倉廩而外和絃解愠朕得以自由矣乃造其
門登其堂祇覺雅韻悠悠不見伶人之奏餘音嫋嫋若聞
管籥之聲乍聽之象則疑時揚之象則駭或者以爲太常
之鳴笙耶以爲二嫂之鼓瑟耶以爲伯夔之攷鐘耶以爲
深宮之伐鼓耶翕如純如鏗鏘自幪中播出皦如繹如詠
歌從枕榻吹來是非太常之鳴笙也非二嫂之鼓瑟也非
伯夔之攷鐘也非深宮之伐鼓也嗟嗟遠瞻瑤宮復覩重
華之自若近視殿闕猶存舜帝之揮絃衆觀甚儼然完

浚井之都君在牀也儼然完廪浚井之都君在牀而鼓琴

也迄今得而傳之曰舜在牀琴

長新按何公奏疏書劄精忠灝氣溢於行墨洵堪不朽其劄藝似可無藉流傳然吾郡數百年誦習不廢亦足見人之傾慕者至也莫春者一首相傳爲公小試優等之作舜在牀琴文又似隆萬諸先輩小品其鄉墨簡練揣摩陳冠山先生所謂另有一種肅烈之氣者吁名人著作多歸散軼吉光片羽實遇璆琳正未可以帖括而忽之也

補遺

汨羅弔古　湖廣總督何騰蛟

魚腹忠魂只自埋春風千古有餘哀馳舟不盡湘人意作賦因知賈誼才孤塚雲寒猿叫斷雙祠日暮鶴飛回離騷三復情何限漫采蘋花奠一杯

長新按此詩載湖南通志卷一百七十藝文二十八據開泰胡世昌家藏本錄之

烈編卷之四

黎平何瑩庵 貴筑陳冠山 先生原本

黎平 胡長新子何重輯 穀彭應珠靈淵校

後人題詠

長新按何氏康熙間編集諸詩凡四方投贈篇什俱列郡乘之前乾隆中陳氏復有增輯茲均略攷爵貫依次臚載及今蒐採所得亦麤斠作詩歲月鱗序比附合成一冊云

弔何文烈師 明翰林襄陽陶汝鼐燮友 人一作湘潭

忠之烈兮文天祥義之張兮漢雲長吾師一身兼二子楚天灝魄竝三光瀝血點點成化碧披肝片片欲飛香人間七日盡大難誰知萬古立綱常

修何文烈公墓賦詩致奠

康熙庚辰署黎平府事貴陽府通判何道昇福建貢生

墳近西郊水一方金星合德許同芳原註墓前有金星山忠魂化鶴成千古毅魄騎麟下大荒人以生芻來致奠我於勁草羨凌霜石銘華表應難朽常與江流共夕陽

前題

康熙丁卯舉人宋應舉爾知黎平教授偏橋霞峯

枕戈誓日爲勤王樂國甯非沮洳場九鼎遷移淪朔土六師奮發起中湘旌忠久著河山節表墓還增日月光片石勒銘無愧色我來再拜薦椒漿

弔何文烈公　銅鼓衛守備周用楨 簡溪進士

國步傾危日公纔受上方殊勳垂楚粵義旅振疆場協力期諸將推誠冀兩王河山懷故國日月冀重光天意歸新主人謀返夕陽孤臣甘鼎鑊勁節著沅湘浩氣還青昊晨星隕大荒於今慧德寺草木亦悽愴

前題　康熙癸巳恩科舉人本邑翰林安平陳法 世垂 定齋

都亭危涕灑衣襟木杮南流鐵鎖沉紫蓋黃旗王氣盡燕犀冀馬陣雲深一行羽檄千軍淚十載君恩百戰心楚塞至今風雨夜碧燐鬼哭滿湘潯

雞犬還能上碧虛可憐哀痛捧天書原註梅村一時人望空有淮王雞犬之聲視公婦孺皆能盡節爲人有愧矣傷心李令家何在報國羊公憤未攄桂嶺途遙迷七聖湘江潮落下鯨魚但令一旅猶無恙卽是天心悔禍初

荒草寒雲野戍空苦難何處達孤忠射蛟望斷雲臺仗籌策眞堪帷幄功原註公上疏唐王極陳取中原之良策跋扈將軍猶節鉞空

誇死士巳沙蟲自從箕尾遊乘後便數東南遷日絲撥沙巳擬逐騷人倚伏誰能問上眞終使湘濱知死所何勞漢水作生臣江潮日日鴟夷憾蜀魄年年大埠春一片分茅身後土楚寃魂與結芳隣

前題

康熙丙子舉人

晉江知縣安平王道予正

何須稽古說睢陽聞道先生姓字香百戰奇勳留楚粵一腔孤憤在封疆精忠堪誦成仁句亮節奚慚取義章砥石紀銘禋祀遠還同日月麗輝光

烽烟慘淡曉猿鷩一旅東南砥柱傾慷慨捐軀原許國從

容就義豈沽名月明湘水千秋慽雪鎖衡山萬古情迴溯
不堪憑弔處夕陽飛鳥幾悲鳴

前題　康熙丙子舉人山東長清知縣安平任名世冀輿

先生大節炳千秋慷慨勤王孰與儔國祚日傾成累卵臣
躬盡瘁砥中流汾陽勳業留三楚信國聲名壯九州捧讀
出師諸奏疏招魂令我淚難收

前題　安平貢生開州訓導張鵬翼大君

數載揮戈挽落暉江流日日洗征衣中原事業驚移主半
[illegible]關河慨失機天地有情留正氣乾坤無土[illegible]忠於[illegible]

一勺衡來水淨滌心腸抱義歸

前題　康熙己卯舉人、開州學正湄潭唐傳中

大廈將傾勢莫支臣心匪石萬難移堪嗟諸葛興師日又是文山絕命時神鯉飛來先兆瑞靈龜負出競稱奇如公應得天心助詎料天心竟若斯

前題　雍正癸卯拔貢貴筑學官安順張聖化鐸庵

國祚傾移劇可傷英雄莫策挽殘陽報君無日空餘憤痛母臨年枉斷腸正氣應同天地老孤忠不共國家亡更憐骨肉齊摧處湘水悠悠引憾長

前題　道墟百戎　鄔元音

取義成仁何所求，凜然氣節壯千秋。黃冠肯逐燕雲去，碧血長隨湘水流。莫道儒臣無將略，可嗟天意勝人謀。我來憑弔增惆悵，獨酒頻澆奠古邱。

前題　芷水廩生　梁元柱

地維天柱力難持，拂袖哀吟畢命詞。一律應同歌正氣，千秋猶得鋏男兒。臣心皎若三湘月，國勢紛如五代時。爲憶昔年埋骨處，埠橋流水尚含悲。

前題　芷水貢生　許士璠

有明末運萃忠良惟見先生迥異常正氣堂堂能貫日丹心耿耿可淩霜志追諸葛三分定節比文山百代芳慷慨殺身仁者事英名湘水共流長

何公墓下感賦　明崇禎己卯舉人官湖南監軍御史郡人胡天玉石函

別來帷幄幾經秋孰意今朝拜古邱禮樂三千空悵望貔貅百萬落誰收哀猿叫月三更苦枯葉鳴風五夜愁祇有孤忠堪自慰思深湘水共悠悠

弔何文烈公　順治庚子解元南陽宗知縣郡人雲巓鼎新濯海

陽九遭逢戰士休我公一柱砥中流巳拋冠蓋思重整半

失河山欲盡收心血滿懷皆化碧身家許國共成邱忠魂
毅魄存千古愁煞沅湘楚澤秋
敵馬長驅不自由那能力戰撼湘流勤王有志孤忠激報
國無功正氣留黃壤一朝亡故主丹心千古照南州汾陽
識壘文山節青史垂名慮未休

前題　康熙己酉舉人四川蘆山知縣郿人張贊台楫鉉

共道忠臣處境難忠臣肝膽力摧殘白虹貫日昭天象翠
柏凌霄耐歲寒已逐龍泉先遠化豈同鼠子且偷安可憐
就義湘潭日大埠橋邊淚未乾

弔何文烈公　黎平府世襲歐陽瑾君瓚
新化長官司

先生烈烈歷春秋正氣騰騰貫斗牛一劒酬君千古義三湘立節萬年留伯夷恥食周猶重諸葛休師漢亦愁自是
聖朝膺歷數旌忠有待漫無憂

讀忠烈編　開泰庠生帥斯文同書

就義丹忱萬古光危途卓立絕同方三湘噩浪頹殘照五夜淒風勁烈霜命與皇天爭氣數身爲吾道植綱常鄉邦所憾余生晚坐撫遺編切贊揚

弔何文烈公　康熙二十五年拔貢詹霖民慰
任平越府教授郡人

又見文山盛蹟留孤臣血淚灑湘流亭亭正氣搖南斗鬱鬱丹心閟古邱千載聲光凌宇宙一祠香火祀春秋雖然身後移鐘簴彝重商朝鼎重周

弔何文烈公墓　康熙辛卯舉人雍正癸卯翰林郡人　顧海　會川

湮沒孤忠久從今細品題斷雲淒石柱荒冢接村墟雉堞橫碑左江流繞墓西那堪人事異愁聽夕陽雞

元帥奮文場皇家籍殿邦政清官吏肅胸濶甲兵藏吉甫無專美天祥可竝光楚橋題大埠身殞姓名香

國步艱難勢已傾拚將百戰報君恩清湘不沒忠臣骨故

上仍歸義士魂生向人間扶正氣死從地下泣中原黎庶
幸藉先生墓烈烈河山萬古存

弔何文烈公　康熙辛卯舉人山東嘉祥知縣郡人李見龍采公

滿眼江山事已非身當國難振軍威揮戈東指狼烟熄伐
鼓南來戰馬肥赤手擎天心幾碎孤忠捧日氣橫飛爲平
內亂空遭陷大埠橋邊取義歸

前題　康熙五十年歲貢仁懷廳訓導郡人薛鳳岐山

才品原非亞范韓遭時未可與同看封關漫道丸泥易支
廈從來一木難切齒惟思傾義膽到頭枉自瀝忠肝九泉

相見明先帝血淚頻揮兩不乾

前題　　康熙五十四年歲貢郡人盧名彝　瑞徵

雷霆薄激楚南兵滿眼狼烟四海驚重鎮十三飛羽檄雄師百萬扼湘城將軍有令搖衡岳天道無心肅漢營嘔盡丹忱明社屋至今鵑血尚悲鳴

前題　　康熙庚子舉人廣東樂會知縣郡人張琨　懷璧　倚學　釙仁

回首沅湘戰鼓鳴募兵獨立挽長城可憐黑霧連天暗祇有丹忱捧日明義激河山皆[illegible]測名垂霄壤自崢嶸堪嗟命運逢陽九楚水滔滔無[illegible]

前題　雍正癸卯恩科舉人四川江津知縣郡人　王朝選　中

知公赤膽與忠肝就義從容不自難大埠橋邊臣節盡長宏碧化楚雲端

前題　雍正丙午舉人庚戌進士四川黔江知縣郡人　陳嗣諶　元方

遭逢陽九尚求亨社稷安危一柱擎百戰紆籌諸葛志七朝絕食伯夷情魂歸大埠天難問謚贈中湘鬼有名三百年間論養士文山節義屬先生

前題　郡歲貢雍正五年舉賢良方正　趙烜　維彬

國步艱難不易支南天強力藉撐持已知社稷無全瓦尚

擁戈矛振義師勢蹙祇憑頭可斷事窮惟有淚空垂滔滔天下皆豪傑誰識先生盡瘁時

謁中湘王祠　雍正壬子舉人湄潭縣教諭郡人　嚴嗣勳　弼功

信國瀕危後精忠孰可方請纓傷大帥倚劍痛中湘血染雲間日魂依地下　王雄才持半壁灝魄軼三光竹汗遺名久鵑啼飲憾長神州幾沈陸箕尾自佯狂編錄懷良史詩歌滿大荒得來和淚讀英烈重吾鄉

節鉞馳邊徼長城障一方飛龍過吳越立馬問瀟湘受命先朝督專征異姓王揮戈迴日影擊楫挽波光正氣悲欷

激餘生憾事長心飛霜葉慘魂逐海雲狂編紀官難略忠

貞蹟易荒溪毛時薦早蘭芷楚人鄉

弔何文烈公　雍正間開泰縣歲貢曾　毅　文遠

元黃龍戰勢難支偉矣先生志不移萬里河山先半失一
心忠義獨全持捐軀報國謀良易絕粒行吟氣自奇屈指
文山亡宋後成仁誰復似湘纍

前題　雍正十年歲貢郡人嚴　紹　繩武

傾危國祚已難全俯視山河憾萬千屢戰交鋒心不屈一
朝盡節志彌堅湘城目擊家家泣彤管編留世世傳更有

雲礽羣茁起多徵金玉孝思綿

弔何文烈公　雲南鶴慶府經歷郡人陳治遠澤長

九重憐節謚封王七澤英靈億載香十八經猷恢社稷萬
干戈甲冑金湯從容取義三秋月慷慨成仁五夜霜寧忍
二心虛六尺惟公一振四維張

讀忠烈編　錦屏庠生孫學孟

勁節臨危矢不移遺編忠烈重當時飛章千里匡王室布
檄三軍起義師五載嘔心留戰蹟一朝畢命吐哀詞風淒
讀罷悲明祚辜負先生獨力支

謁何文烈公墓　永從學歲貢生郡人陳治國于庭

黄團溪上草芊芊坏土常留義士眠此地久看雲氣擁湘江尚有血痕鮮松楸共抱堅貞節竹帛猶餘忠烈編千載英靈終不滅斜陽衰草聽嗁鵑

前題　開泰學增生郡人王漳汝順

一去城西方半里兩岸高岡夾流水高岡屈曲蟠雲根流水清漣漱石齒天留此穴收正氣崖邊旦夕烟霞起嗟余生晚慕前哲歎息偉人埋地底先生節操如金石浮雲富貴今有幾大節久壯山河色萬古綱常端賴倚身死湘潭

爲公悲名垂青史爲公喜烈烈英風溯不盡山高水長差
可擬

弔何文烈公　開泰學生 貝郡人　黃文縉 德彰

當年明室既傾顛忠義勤王秉鉞虔祖逖不忘擊檝誓劉
琨常恐著鞭先欲還西北長城界獨掌東南半壁天有志
未成飴視死湘江瀉憾水潺潺

弔何文烈公和大埠橋韻　乾隆辛酉 拔貢郡人　嚴縱 又能

國運天心無計留捐軀大埠淚空流惟拚冠劍沈湘水遑
意艟艨泛海洲貫日精忠光萬古凌霜志節表千秋丹心

報主垂青史邪世難移德已周

弔何文烈公

乾隆辛酉科拔貢湖
南鳳凰廳同知郡人
左士吉 儒修

百戰難隳膽氣强先生竭力獨勤王滿腔熱血傾湘水五夜英魂泣楚疆傲雪堅操寒愈顯凌霜勁節久彌彰自從橋畔成仁後竹帛垂名百世香

前題

乾隆十年開泰
學歲貢郡人
盧焯 延采

獨力支持可奈何天心已去淚無多惟餘血戰酬先帝不遣氷心照濁河絕粒早知頭易斷捐軀猶有憾難磨臨危尚誦成仁語豈愧文山正氣歌

前題　乾隆十六年開泰縣恩貢 高儒 席珍

憶昔揮戈楚粵間顛危五載歷多艱天心已去猶期挽明
祚方終直欲還丞相維舟沈世傑將軍就縛斷嚴顏精忠
烈烈千秋續景仰於今重泰山

前題　開泰庠生郡人 胡瑛 含章

力挽乾坤志不羣才兼文武振三軍揮戈屢出安民策伐
鼓頻添定國勳大節昭垂懸日月孤忠凜烈奮風雲千秋
壯氣凌霄漢一點丹衷報聖君

前題　永從庠生 銅昌國 宏祚

孤忠一往復何求直到於今青史留絕粒七朝天可鑒長橋千載水空流勤王已盡當年瘁弔古彌增後世愁景慕堅貞無限思湘江遙接洞庭秋

弔何文烈公和大埠橋韻　郡庠生張素蘊酉山

大節英名萬古留靈依湘水砥中流當年魚化空金井此日鵑嗁憾綠洲青史不磨昭一代哲人雖逝重千秋捐軀未舍回天志豈讓梁公獨反周

前題和韻　郡人張璿極天衡

勁節從來青史留頑廉懦立仰風流生前瑞兆徵雙鯉死

後芳名溢十洲浩氣千年昭宇宙英靈億禩享春秋有明
豈少凡高位誰是先生比召周

弔何文烈公　乾隆壬申恩科舉人郡人　王修仁體元

悲德庵中百鍊精千秋拂拭益鮮明今來回首成仁地夜
夜冲霄紫氣生

前題　乾隆癸酉科拔貢爲和貴陽府教授郡人　薛士禮湛江

瑞兆神魚不偶然兩間正氣一身全補天浴日真豪傑取
義成仁大聖賢五載督師心獨苦七朝絕粒節彌堅墓門
華表冲霄漢月白風清有鶴旋

志切勤王計饋安不辭百戰奮戎韓隻身挽日才兼節猶力撐天苦更難淚落三湘江水赤心傷五夜月光寒至今芳躅垂青史留得馨香永不刊

弔何文烈公　乾隆癸酉拔貢邵人　趙世隆

志在中原鼎已遷英雄無地用偏宜拋殘血淚添湘水哭盡忠魂斷楚烟故主有靈悲碩果丹心不死照當天亡臣誰是如公者評論於今最可憐

謁中湘王墓　乾隆二十四年歲貢黎平　張璠奐玉

明末當年數已終孤臣秉鉞楚湘中勤王報國文山並爲

主捐軀武穆同流水橋邊聲尚咽嘯鵑岸上血猶紅對君泉壤眞無愧松柏青青繞墓東

弔何文烈公　乾隆二十九年歲貢黎平李和中禮

明祚將傾數已終惟知竭力振頽風心懷共主肝腸裂身統全師膽氣雄就義成仁憑誓死破家亡國獨完忠古今豪傑如星列誰與先生節槪同

前題　郡廩貢天柱縣訓導趙廷琰瓊洲

大廈將傾一木支五年血戰强撑持空城世傑舟居日絕粒文山北去時死矣難消當日憾傷哉惟有昊天知湘江

浩氣凌霄漢留得芳名百代師

前題　永從學生員開泰人朱維城建公

回憶文忠報國時衡湘秉鉞強撑持十三大鎮威期振二百餘年勢欲支鼎祚已遷人莫挽天心有屬計空施丹衷耿耿垂青史幾次披編無限思

前題　黎平庠生趙廷鼐世調

國事日已頹獨力久拄撑督師嗟五載報國功無成被執甘不食就義寧希榮我公負正氣矢志完忠貞俯仰古今來轟烈孰與爭偉人不可見仰止空復情

弔何文烈公　乾隆中歲貢開泰人王家望　又曾

清於湘水峻於衡皎志丹忱孰與京信國精忠追古誼蓀州大節共鄉評春殘鵑鳥迎人泣夜永寒燐照野玥回首埠橋乾淨地堪憐烈骨碎江城

讀忠烈編　黎平府世襲亮寨長官司郡庠廩生龍紹儉　錫禹

南渡淫昏自覆亡猶興義旅守湖湘山河半割歸新主日月重明念舊邦無淚可揮家國破有身莫續祚年長先生壯節垂青史讀罷遺編枉斷腸

謁何文烈公墓　乾隆庚寅順天舉人雲南廣通知縣開泰王師泰　逕開

我生十五讀公文椒桂行行撲鼻芬早識秋高香烈烈那知霜下葉紛紛已將浩氣還天地剩有清光照典墳拜墓幾回神爽豁森然華表鶴凌雲

開泰增生朱維陛昇公

弔何文烈公

憶昔勤王爲國時丹忱惟有上天知堪憐嘔盡忠臣血豈願爭題義士詩最苦心離軍竟散更傷餉乏馬空馳身危總是明綱墜誰道先生計莫施

開泰增生朱啟世體聖

前題

眉鎖湘江正氣收丹心一點付荒邱揮戈自信力能挽鍊

石空嗟恩未酬慷慨捐軀神鬼泣從容就義地天愁不堪取義成仁處轉憶勤王報國秋

前題　棃平廩生　張星煜　羅南

賊陷神京憾未收東南半壁重公憂欲恢楚豫中興建豈料沅湘大事休三日舉哀追叔子七朝絕食愧張柔有明一代儒冠偉忠義如斯孰可儔

前題　開泰學廩生　鄰人　李碩　公遴

桂林已靖向全州慷慨勤王志未休日月橋頭軍勢振鳳凰坪上陣雲愁沅湘待[illegible][illegible]殘績風雨偏深故國[illegible]

有心天莫補獨憐熱血灑宗周

前題　　黎平庠生張璣 [redacted]

運數將終可奈何不辭血戰苦心多飛章慷慨出師表赴義從容正氣歌屈子舍身忠獨盡杲卿斷舌憾難磨扶危欲使綱常振誰識勳名付逝波

前題　　湘潭史其譜 [redacted]

頻麾師旅守殘疆一點丹心祇自傷血戰五年扶社稷絕餐七日植綱常身惟赴義中湘蹟志切成仁大埠亡此地全忠垂萬古名留青史紀吾鄉

南泉釋莊秀語峯

弔何文烈公

為國捐軀事可傷精忠百代有餘光酬君赴難名猶重取
義成仁節亦剛浩氣萬年凌五嶽英魂千古繞三湘墓前
溪水滔滔過難洗先生遺憾腸

弔家文烈公　山陰貢生何義息椒

秉鉞荆襄志不磨幾經赤手挽頹波周原落日悲離黍宋
室孤臣呼渡河碧血千年埋地下青萍七尺滞巖阿原註公殉
雖湘潭未得遺歸故里至今父老傳遺蹟封樹曾無凡鳥過
時當陽九起烽烟砥柱中流國暫延血濺征袍心愈赤力

愾宗社志彌堅全忠豈讓睢陽後失節猶懸岳鄂前原句

山河仍是舊香清蘋藻浩無邊

讀史有感懷家文烈公　何義

閒嘗披國史每懷仗節臣豈乏致身者如公能幾人皇來

兒竟熾自（原註李成名）黃面虎不馴獻（原註張忠名）明祚將傾矣守死志

彌純　聖朝重三宥褒忠垂恩綸始知天下士萬古更嶙

峋

弔家文烈公墓　靖州庠生何煒謙之
山陰籍

立意振頹緒軍孤志不灰一家分骨肉四塚合　苺苔遺憾

埋千古招魂哭九哀可憐枝上鳥夜夜獨飛回

大義寧甘死丹心誓不生君親恩自重父子命俱輕春澱

潮千頃魂歸月四更後來憑弔者澆酒淚長傾

先文烈公自楚歸葬賦詩哭之　郡增生再從姪何俊彥

羨君大時人事兩難留亡國孤臣孰與儔死念君親身再拜少

懷社稷淚空流魂依屈子楚江畔神泣文山燕市樓今日

忠骸歸故土一家骨肉哭荒邱

弔先文烈公　郡廩生再從孫何之瀾宿一

絕粒七朝何所求我公節義凜高秋河山半壁隨風逝心

血千年付水流漢祚未移諸葛喪周師已誓伯夷愁與亡
成敗安容問祗把乾坤正氣收

弔先文烈公

乾隆二十五年歲貢族孫 何之璵廷璨

捷歎湘江戰伐勤疾風迅掃度浮雲忠貞氣奮能匡國豪
傑心傷未策勳舉世偷生寧有幸幾人惜死竟無聞殘山
剩水公遺憾就義橋邊報舊君

輯忠烈編成書後

郡庠生姪曾孫 何琮懷赤

公繼文山孰繼公忠肝鐵石古今同百年宗社成餘燼千
里封疆類轉蓬世傑呼天舟早覆武侯翼漢數將終孫曾

此日蒐遺載淚灑西風向日紅

家大人輯忠烈編承諸名公作詩表揚賦此致謝　何　謙克讓

先朝褒節贈中湘高厚難酬　國史揚祇爲綱常維萬古何緣翰墨賁千章韻流金石含情遠調叶陽春引興長直道在人原不泯倍教家乘藉輝光　以上諸詩係何本

弔何文烈公和大埠橋韻　黎平府學訓導平越　魏大振

慨慕先生逝不留而今詎忍視湘流忠同閣部悲梅嶺冤結靈均感橘洲七日絕餐惟勺水片時就義即千秋光爭

日月垂青史志節常徵重以周

弔何文烈公　郡庠生俞騰禹

明知天意去難留故國山河強欲收既倒狂瀾誰共挽全虧一柱砥中流

力撐半壁輔危邦直到捐軀志未降不是丹心如鐵石肯拋碧血灑湘江

前題　乾隆辛酉武舉郡人蔡大儒魯山

忠魂抱憾何能已氣逐湘流心未死浩浩無情不見歸艻名百代垂青史

弔何文烈公墓　邵庠生丁焜燦儀

芳名赫赫到於今寥落泉臺萬古欽湘水魚龍悲烈骨楚山風雨哭忠忱當年應下三洲淚後世還傷一片心目極西郊江上墓荒烟蔓草孰知音

弔何文烈公　乾隆十一年歲貢綏陽縣訓導邵人丁星炳

湘潭遺蹟足千秋尚有英風此日留信國捐軀堪比烈武侯盡瘁許同儔丹心直欲堅磐石白骨還思葬故鄉大埠橋邊殉難後嗁鵑血淚幾時休

前題　乾隆癸酉副榜仁山安化訓導黎平龍文和

毅柩何堪對雪霜紛紛歎息扶危義薄雲勢處萬難方紓粒身
經百戰欲酬君湘波浩瀚流英氣衡嶽蒼茫悵落曛昭未
鼎移多節烈誰如公死更超羣

前題　　　開泰廩生胡希梅

刼灰吹燼下煤山長劒天南淚暗潸無路請纓紓主難有
心泱策濟時艱三湘波湧軍聲壯萬壘營空殺氣孱最是
不堪憑眺處寒烟荒草血痕斑

弔何文烈公和大埠橋韻　郡庠生顧勳涵彩

欲恢宗社績長留孰料將成付逝流大業若能興楚徼豐

功豈獨被湘洲丹心不死光千載正氣猶存凜九秋赴難從容人盡仰綱常節烈一門周

弔何文烈公　乾隆己卯舉人癸未進士湖南桑植知縣開泰　倪允邁　抑山

明末當厄運戎馬任恣雄左師偏跋扈闖賊勢難攻中原如鼎沸蹂躪偏西東卓哉何文烈秉鉞事兵戎撫綏多惠政禦武建奇功督師閱五載思欲挽天工無奈大運去降禍及乃躬嗟嗟棟樑木一旦委飄蓬感懷思疇昔憂心每忡忡葉州方殉難湘潭倏命終精誠昭日月忠義滿黔中吾郡後來者期與此心同

前題

乾隆己卯舉人丙戌進士四川鄰水知縣開泰 江右本濟川

煤山烟燼已成灰半壁南都柱又摧共歎宮駝埋棘去誰將祖檝渡江來投鞭可使湘流斷籌筆能教衡霧開志決勤王兵百萬指揮爭不羨奇才

千秋盡節幾忠臣說道先生倍愴神碧血自甘依聖主白頭何忍負慈親一緘覆敵堪明志數載勞心已化塵清潔衡陽南下水但憑洗滌返吾眞

前題

乾隆三十一年歲貢邢人 吳純

事成非易敗無難誰似先生識大端索餉貽書捐己怨留

珠賸容結交歡汾陽塚掘愁猶遣李晟齧家亡淚貞彈小華圖私何足計惟傷天命付長歎

前題　乾隆戊子舉人己丑進士四川洪雅知縣郡人　丁映奎秀峯

國運更新日先生就義時孤忠心不死百戰數偏奇慷慨完臣節從容報主知湘流雲自鎖鵑怨淚空垂天命嗟如此堅操矢不移低徊傷往事翹首意遲遲

前題　乾隆辛卯舉人浙江樂清知縣開泰　倪本毅復山

中原鼎沸似蜩螗楚水黔山滿目荒南北封疆支一木乾坤正氣萃三湘千秋可鑑忠臣節九死難迴烈士腸欲效

汾陽終莫遂心傷橋畔獨淒涼

前題　乾隆辛卯副榜雲南普洱州判黎平楊泗魯山

勁節臨危豈變移拚將熱血濺江湄功存楚塞橫戈日義在湘潭絕粒時頭斷難酬先帝憾家亡偏動後人思孤忠憑弔憎惆悵大埠橋邊叫子規

前題　乾隆四十四年歲貢開泰王　信[illegible]

萬道烽烟繞楚疆天時人事兩堪傷誓師已灑千軍淚殉主還飛六月霜粵嶺猿聲悲地老湘流鯨浪撼天荒祇今大埠橋邊過杜宇春殘叫夕陽

弔何文烈公　乾隆五十年恩貢倪允遴 婺川縣教諭開泰人

千秋正氣凜如生憑弔孤忠孰與倫骨冷長橋血尚碧情餘小劄墨猶新丹心自誓沅湘水勁節常昭社稷臣莫向邛園歎寂寞崖門渺渺結芳鄰

前題　郡增生陳鏻

明季江山事已非英雄獨出振皇威天心有定人難挽頓使橋頭抱義歸

時危國步歷多艱就死湘江若等閒家破身亡全不顧獨留忠烈在人間

前題　　郡庠生張璨

大運將終國祚移先生隻手久扶持五年戰伐功思樹萬里山河力欲支白許一身匡社稷何堪單騎受羈縻招降不屈惟甘死剩有芳名百世垂

前題　　開泰庠生陳宗烈

雄師席捲渡江來匝地烽烟掃不開但矢臣心堅鐵石誰知王業化塵埃愁看楚嶺雲增黯憾積湘流水自回憑弔當年完節處埠橋風雨至今哀

前題　　西昌劉明槐

忠貞那惜好頭顱百折千磨志不渝獨柱擎天能許國長
繩繫日竟忘軀覲生猶寄奇男子視死如歸烈丈夫欲奠
英魂何處是秋風五夜洞庭湖

前題　　北塔釋通元

慧德庵中飲水日至今凜凜死如生英魂不逐湘流杳正
氣還邀彤管榮楚雨秋風悲勁草黔山曉月照孤城黎陽
自昔多忠烈相與萊州作弟兄

前題　　開泰縣學訓導貴筑優貢陳文政冠山

南天差半壁金帶盡何人自分忠延祚遑知鼎易新湘流

潄義膽嶽概壯孤臣萊守爭前烈文山有後身甘爲亡國鬼忍作　聖朝民憑弔幾行淚臨風一拭巾

舊是神魚化此身湘流憑弔憶鱗鱗心追信國盟遺贊功切汾陽踵後塵忠義全門多壯烈顚危一木倍艱辛汗青直揭湘城筆不愧明家亮節臣

弔何文烈公墓　陳文政

誓師無復望生還不愧文山與疊山歸葬故鄉依水曲湘流宛在憾潺潺

前題　乾隆中廪貢生邵人　顧滋柳萬綸卽山

青史空傳楚粤猷每從墓下泣松楸百身莫贖臣心竭一木難支國運休楚澤子規嘑五夜南泉皎月照千秋孤衷莫訴永明事陵寢山河感廢邱

睢陽信國一身持讀罷殘碑淚自垂黔地英風生野哭楚天陰雨黯靈旗唏噓拜母拋家日踴躍提戈殺賊時想像精神知未遠荒墳水曲動人思以上諸詩係陳本兆下新採

謁何忠誠公祠　海寧沈毓蓀蘋濱

艱危百戰殉疆埸故里千秋俎豆香何意蠻荒有豪傑誰云科第僅文章汾陽才可平戡亂信國忠難挽宋亡南望

潮州西望粵廳邀瞿中丞式耜請史閣部諱可法話滄桑

三月初十訪何忠誠公故宅道光乙巳

道光丁酉舉人署古州廳訓導遵義鄭　珍子尹

齊眉雙石獅相距特丈強前丈爲旗臺高廣三尺方樹壁餘底石其修不踰常獅旁卽門階才足容筍將屋址完完存舊廬則已亡外觀儉如此內構可意量地稱五架屋想止門堂廂偪仄復偪仄且觀且太息此是有明愍帝之巡撫忠誠何公之故宅當時此中男婦四十口公心且無宅何有規模應在撫楚年遺築不隨明社覆死國良獨難善

家亦非易看今守令宅罕此儉約制何况潭潭督撫第吁嗟公居止如是安得矜式千年更勿替令人却憶許學使

間壁前隙地民家占爲園廁前學使許公乃普命盡撤去

神魚井 並序　　鄭珍

井在何忠誠公故宅右廣不及丈深五六尺源亾出石罅中呀然莫知其深也公母廖夫人浣井邊有大魚嘗從石出馴繞左右夫人甚憐之後生公時見金鯉飛入室中五色晃耀魚亦自是不見也

鯨鯢羣沸海水飛思陵龍去長陵微千載神魚應時起天

教出護小龍子一龍酣睡花月場春鐙未罷驪珠亡一龍癡守豬婆老翁洲雲散波濤荒最後一龍勢何及猿鶴蟲沙得收拾茫茫湘水繞空城神魚止向高皇泣竹簰門前波卷山神魚歸鼇憶當年百靈扶出大江底九宮遺鱷還爭攀此意眞成唐郭李垂頭豈料白牙市掉尾一振全永回信知天惜神魚死長虬改穴鱸鮪隨歎息明家盡米脂龍伯坐擁黃面父神魚猶喪赤心兒李錦自成子賜名赤心慘憺春風吹故井滿日凡鱗厭投餅遊人詫說飛上天不道神魚今未瞑

三月廿四西佛座拜何忠誠公墓　鄭珍

座在西城邊壁下三丈森可懼根齧黃園溪墓去座邊無六步虎牙中含一舌土信是天埋忠骨處携兒拜冢下彳亍不忍去汾嘐力盡作文山洒淚蓬科牙悲慕既無豐碑載偉烈復乏嫡裔謹看護俗書兩行鐫墓前知是康熙庚辰年公之同宗老孫子以石砌壟標識阡今來標廢壟亦穢漸有新鬼爭墓田二百年閒令若守料理前賢竟無有從古仁人志士墓不恃兒孫作干撇昔年作客在衡湘五月觀祀中湘王衣冠出遊歷地破一國男女皆若狂波部

八土尙如此墳墓所在那容荒萬古收藏正氣地豈是牧兒芻豎場我量墓後隙地十丈許盡埒南山粗石抵陛滸千年兵燹不能無敬是公阡誰敢侮墓右厓勢長若眉既不與墓偪亦無他葬之上盍一亭還一祠祠以奉春秋亭以列巨碑碑刻譜傳使衆知又令來者得憩息可蔽風雨兼炎曦此事成來正需幾歎息易就無人爲吾觀此邦人多富而好義卽如比勸捐河工旬日輸以三萬計固知忠愛出習俗不愧作公鄉子弟何況公爲國故與樂祖謀及修阡定較易特要順風之呼登高臂固非一二後塋事我

無尺寸柯辯口空懸河作詩亦自笑迂闊邦士邦君知謂何

丙辰三月十一日謁何忠誠公墓於西佛崖有懷胡潤芝林翼方伯蓋墓道爲方伯守黎平時所修

咸豐辛亥任開泰縣訓導遵義黎兆勳伯庸

山水鬱靈芬清光漫田野城西鎖江亭溪溜快清瀉危崖瀫雲根荒隴帶松櫝龍吟潭口煙人酹墳前斝緬懷冢中人自是成仁者東風吹林陰慘淡雲旗下靈兮儼可接煙雨度神馬誰歟表忠阡沈幽力宣寫前脩凛英豪文學振

風雅惟公才識卓吏治今日寡蒼茫湖海人寂寞欒公社

謁何忠誠公祠　咸豐辛酉署黎平府知府山陰籍昆明人袁鴻基久山

國破家亡憾未抒欲將赤手幹天樞數年血戰全三楚列鎮聲威震四隅人事難留空嚙指軍心盡散獨捐軀千秋廟貌崇鄉里憑弔忠魂淚眼枯

弔何忠誠公　咸豐九年護古州鎮總兵武陵成應洪曉亭

興亡歸氣數大節炳千秋湘水悠悠去先生孰與儔

謁明中湘王墓　咸豐辛酉署下江廳通判桐城孫長源藕船

西佛崖前石瑰異西佛崖下水幽泌右情帶憤水含悲似

怨蹇躬不得志明季何公眞偉人孤忠高躅稱曠世死歷
二百廿餘年至今凜凜有生氣敬公忠義式公里謁墓抒
誠修祀事賊子桐城一布衣自幼隨父來黔地蓮慕依人
厄少年寇亂倉皇參末計爲韓報讎事戎軒身經百戰成
小吏捧檄分守來下江黎陽城中商保治是時苗民正猜
疑誠意化頑亦妄冀詎有片念能感格精靈恍惚通夢寐
岸巾闊袖生英風蒼顏癯骨出高致更惠勉勵何殷勤似
期上承節愍先公意先公諱臨明季以兵部職方主事出授福建監軍道在仙霞嶺與貴陽與大中丞同時殉難國朝賜謚節愍嗟予故鄉弗能歸奉母宦遊身若寄[illegible]

才既荷當道知寸衷重辱神明契坐前禮拜祝瓣香髣髴
雲車風馬霎然至

謁何忠誠公墓

同治壬戌署下江廳通判華容張永煦初白

公亡大事竟安歸歎息明家祚已非誰繼孤忠稱後死我
來故里仰遺徽天香院裡英靈在慧德庵中志願違憑弔
祇應慚俗吏生芻一束淚沾衣

弔何忠誠公

貴州候補通判雲夢李元鈞芸岩

大節昭然萃一門先生忠義滿乾坤重光日月迴天運半
壁河山報主恩明代至今留正氣湘江終古泣英魂滔滔

皆是推豪傑信有中流砥柱存

前題　咸豐辛酉任黎平府訓導遵義楊培棟東林寄稿安順

昔讀文山正氣歌浩然之氣終不磨數百年後伊誰繼明季復見忠誠何何公之節自千古何公之心爲獨苦讀書高閣志從龍叱蛇當道聲如虎不料運遘陽九輔三王督師轉戰費籌量盡瘁儘教似諸葛成功未許紹汾陽嗟哉一木本難支地維天柱空扶持慧德庵中絕粒日大埠橋邊就義時身可殲兮志不改惟痛慈親恩似海四十餘口拚同盡國破君亡家安在爾時風慘雲愁天似墨艱難直

過文信國生有忠肝誓勤王死爲厲鬼當殺賊嗚呼三百年來養士恩孤忠慷慨一肩存廉頑立懦光千載取義成仁華滿門我披史册重嗚咽如見鬚眉伸大節天乎人事果難留凛凛如公眞不滅

弔何忠誠公　同治壬戌在關泰縣教諭甕安宋衡芳實生

北來鼙鼓撼瀟湘大埠橋頭節義彰天命有歸成一統臣心畢盡答三王舍生取義華彝仰錫謚榮封姓字香曩日史瞿同翼主九原可作共淒涼

謁何忠誠公墓　道光丙午科舉人關泰縣教諭宋衡芳伯華

大節堂堂著簡編閩風景仰禮鄉賢心勞五載出師日命致孤臣入地年梓里忠骸猶返葬湘江廟食永相沿於今古冢留西佛落日寒碑鎖墓煙

弔何忠誠公　　湖南桃源候選訓導向文純樸初

難回落日輦金甌王業偏安到楚陬雄鎮無端懷異志督師何計贊皇猷文山同抱孤臣節衡水難消烈士愁洄溯湘江殉難處先生忠義表千秋

謁中湘王墓　　華容張鈞年猗竹

督師明季之英雄天乎人事泣孤忠大埠橋邊色不泯成

仁取義得死所歸葬故里幾經秋名垂宇宙到今留當年愛民勤禮士近代封疆能有幾我是部氓七世孫傳聞杖策謁軍轅縱談抵掌參大計一束生芻曾活祭先祖諱璟華容明經崇禎十六年中湘王何公巡撫湖南是冬聘先祖入幕丁亥冬從至全州病歸何公餞之且問臨別將何以教我時先祖中酒爲詠詩生芻一束其人如玉之句將士怒云奈何張璟以死人待我公欲刃之何公笑而止之且云景玉先生是活祭我自古皆有死特恨一死不足以報君恩公智可乂將何以教我將士默然先祖拜公云公能死國雖無益可以爲百世師矣後殉難湘潭百姓聞之野祭巷哭先祖鬱鬱不樂爲文祭之祖妣氏黎恭邢以詩詳具原詩亭中

遡來海內益滔滔奔走戎馬愁無聊再拜墓門稱後死恨深嗚咽崖前水明祉已屋公有祠死國眞堪百世師有

才看誰如管樂瞻望我公爲星嶽風馬雲車歸去來侑神
還酹酒一杯迴首衡湘不復覩淚濕城西三尺土

前題　　華容張培年養元

天留正氣墓猶新肯信阿誰繼後塵西佛崖前一憑弔如
公去不愧完人

弔何忠誠公　　道光辛巳恩科舉人四川馬邊廳同知開泰姜吉兆少蟠

春燈燕子感興亡半壁孤撐事可傷但矢苦衷扶社稷敢
辭熱血噴疆場名山早勵千秋節劫火難銷百鍊鋼浩氣
凜然終不滅風雲黯淡擁湖湘

弔何忠誠公　道光丁酉科拔貢候選知縣梅蘭香谷

兵渡湘江國祚殘勤王何地得偏安三朝屢荷君恩重五載空抛血淚乾衡水飲來盟亮節死灰然處見忠肝潑三殉難光青簡明史終編不忍看

天香閣懷古　道光二十三年歲貢郡人胡萬青仁山

山雲盤盤矗烟霧花雨天香閣中住神魚飛上太清家兹山尚有驪龍護當年蟄伏幾經秋六丁雷電爭冥搜萊州已失奇男子皤然經濟懷伊周林壑早儲公輔器河山半壁孤臣淚左軍跋扈亦心狂鬻畫經營良不易五年慷慨

扶三王天乎人事徒悲傷文山大節崇仁義白雁風沙感宋亡南天事業竟如此萇宏碧化東流水箕尾星垂白日寒臣心不死臣身死大埠橋頭微雨過拂巾徐步還悲歌沅湘流盡騷音絕不遣靈旗弔汨羅嗚呼我公殉難何其烈才識皆由心蘊結當年此地讀書人風雲氣肅南山雪人天樓閣眞香飄六時鐘磬潭龍朝難將一代興亡事把酒爲公賦大招

何忠誠公墓下作　胡萬宥

中原悲失鹿大節著奇人爲矢回天力甘捐報國身三王

貧賤戴五載歷艱辛彷彿文山蹟求仁自得仁

謁何公墓　開泰縣廩生原名繼彬號埜亭　曹應丙　壽門

有字兆妖大明缺萬壽山頭龍哭血中原離散王孫哀怨看國祚一朝絕公乃奮起湖湘閒西南倚重如邱山三王繼立斷復續百計圖存朱氏一塊肉天乎人事苦難留厓門艱苦柴市愁從容就義比信國城西遺冢空松楸荒原夜月靈風起忠魂淒淒歸故里千秋感激聲悲酸惟有墓門嗚咽水

神魚井懷古　曹應丙

鼓妖明兆西方事大肆鯨鯢難復制向流鼎沸嘆陸沈萬

壽山前龍泣逝五開一衛大如斗井養神魚生不偶五龍

雙鳳萃英華義膽忠肝培蘊久惆悵流離幾播遷辛苦薜

雨並鑾煙滄江入水雖不死吹火死灰難復然歷數攸歸

慈慰撫不戀新恩戀舊主湘水悠悠萬年清照見忠臣一

片心

弔何忠誠公　道光丙午科舉人藍翎候選同知開泰　姜吉瑞紫宇

正氣鍾靈嶽奇猷出偉人明初置五開衛先以圖上劉青田云此地三百年有偉人出

讀書原許國臨難早忘身千載河山碎千秋節義伸有明

能養士盡瘁得宗臣

前題　道光己酉科舉人藍翎候選同知黎平張熙齡鏡江

戰鼓沅湘透膽寒先生正氣滿塵寰南泉砥節天應鑒北闕封章志未屠臨陣誓師同武穆成仁取義比文山盟心一寸衡來水千載長流照楚關

前題　道光己酉科拔貢黎平吳錫華實甫

血戰頻年苦備嘗師遺一旅尚勤王孤忠莫挽河山舊大節應爭日月光就義直堪齊信國全仁端不讓睢陽英魂長繞三湘地留得芳名百代香

候選訓導黎平劉斯熾 焕堂

謁文烈何公墓

黔南留正氣文烈挺奇瑰劉青田謂此地三百年有偉人出李郭宏猷裕熊廷弼盧象昇遠畧該督師兼五省歷任重三台流寇頻紛起鑾熿待掃開勤王籌自運有字識成災節鉞空銜擁江山半壁頹精忠昭日月血戰撼風雷跋扈寧南愧左良玉遭逢信國推仔肩曾莫助梁棟忽將摧眉鎖湘潭水心嗟大廈材句本公盡節詩全家併節烈仰止歎崔嵬義想從容就人亦將相才篤生徵井鯉勝跡指山隈養士猶收效成仁莫漫猜當年騎尾去不負讀書來句本公語浩氣垂千古丹心付一坏

忠魂依梓里荒冢滿蒿萊野外青山冷城頭畫角哀建祠

隆祀典錫謚寵泉臺謚忠誠國朝追西佛崖前拜高風垂溯

洄

弔何忠誠公　花翎署柳霽營遊擊黎平姚廷楨掖垣

天乎人事祗增悲大埠橋頭絕命詩百戰山河餘夕照三

湘鞞鼓動哀颸艱難誓死心無貳慷慨成仁志不衰剩有

年年鵑血在徧啼古墓與荒祠

前題　候選訓導黎平石湛華樸風

慘淡春雲細雨過頻揮血淚染湘波風雷志氣難銷爍鐵

石心腸自齧磨五載力爭明社稷一心神死漢山河離騷莫訴知音少又有忠魂繼汨羅

天香閣懷古　郡人袁濬子如

天地有正氣鬱結鍾偉賢壯哉何文烈讀書棲南泉一朝登土庭基業期葛全汾陽力已盡性命甘一捐斯人旣已往精神留兩間此閣自千古高峙南山巔雲木何淒淒流水何潺潺不見閣中人思之情茫然

弔何忠誠公　候選教諭古州陳建寅子春

先生大節著衡湘史局猶存姓字行盡烈直追文信國勛

名足繼郭汾陽河山半壁思重振輔佐全功願莫償大埠
橋頭留絕韻滿腔血淚最堪傷

懷何忠誠公　郡庠生顧立志雲逵

丹衷苦爲復殘疆事巽時危祗自傷臣節劇憐同信國天
心不許作汾陽未懸日月銷兵甲那得乾坤屬帝王臨難
從容拚一死孤忠遺憾在湖湘

謁何忠誠公墓　顧立志

河山半失擬重收一旅中興獨運籌志矢補天紆萬策力
窮塡海慨千秋星垂想像英靈見岳峙從知氣節留沅水

鐔城祠墓在每因蘋藻弔荒邱

讀何公編年紀略而歎書賈能識英雄於未遇庵僧知敬忠烈於旣死均爲世俗中不可多得者也爲之各賦一詩　顧立志

市井何緣識解推贈金就試義聲馳淮陰一飯千秋重繡像還應共買絲　書賈李靜溪

暗具衣冠葬督師遠來上里告人知至今古冢留西郭烈骨還鄉仗佛慈　慧德庵僧

弔何忠誠公　黎平監生朱斌上均甫

羣情解體盡橫戈大廈難支可奈何未了忠魂酬社稷常留正氣壯山河闔門被執心堪剖幾度招降志不磨慧德庵中伸大義回思往事弔湘波

天香閣弔古　　黎平監生朱清士映江

城南高閣接天香當日名臣舊講堂書讀文山期孔孟魂招屈子弔沅湘霧藏元豹心千古池養神魚水一方碧護松杉風露早不應遺憾老林芳

陽九時逢可奈何英雄末路强蹉跎流氛劫幸驅來淨餘燼終愁聚處多立志久諳陶侃甓能軍空奮魯陽戈清涼

一掬南泉水合與萊州比淚河先太常於崇禎五年守萊州殉節時忠誠公聞之曰一場好事被朱某先我爲之

謁何忠誠公墓　郡庠生顧榮昌鳳喈

國祚傾危日惟公獨濟艱孤忠恢社稷大節著河山表墓留黔服招魂望楚關含情空仰止釃酒淚頻潸

弔何忠誠公　候選訓導黎平彭應珠靈淵眞堂

海枯石爛南山傾千秋不死何忠誠浩然之氣久磅礴上爲日星下河嶽當年勛業何堂皇鞠躬盡瘁扶三王天乎人事竟如此汾陽力竭徒悲傷大廈難支嗟一木南望吾

君淚枯目五夜哀吟正氣歌七朝恥食新周粟雙鯉頻傳尺素書可保富貴全妻孥誰識孤臣志已決仁義以外無他圖肝腸如石心如鐵百折千磨終不缺慷慨成畢命詞灑盡臣心一腔血大埠橋頭雨乍過白虹倒吸湘江波身騎箕尾臣歸矣明帝江山呼奈何回視全家四十口生殺由人我何有但願同登節義場地下好教重聚首男忠女烈同一時后土皇天共鑒之歲當己丑春正月記是公家殉節期我公自是奇男子文山而後一人耳衣帶仍留字幾行昔先宋史今明史公歿於今二百秋英魂慘淡依

誠州城南祠宇城西墓夜夜寒芒貫斗牛

西佛崖謁何忠誠公墓　彭應珠

天留此地瘞名賢應有魚龍護兆眠憶昔殘疆師赫赫至今荒冢草芊芊五年心血延明祚一代忠貞殿史編瞻拜松楸增感慨寒潮空咽暮江烟

弔何忠誠公　六品頂戴四川候補府經歷開泰人黄本清卓堂

績懋勤王著楚南大星俄已落湘潭臨危授命生安惜爲國忘家死亦甘衡水盟心空有憾文山比節復何慙如公浩氣留千古遺跡猶懷慧德庵

前題　　郡庠生朱廷楫春航

明季孱王勢莫支孤臣誓死久撐持如虹壯氣難磨滅匪石忠心不轉移天入中湘風慘淡神歸大埠雨迷離全家白骨攢黃壤勁節千秋海內垂

弔何忠誠公　原籍浙杭寄籍貴筑范執經約儂

巖巖古誠州地靈人傑起二百有餘年英風尚仰止赫赫何忠誠芳名播青史緬公生邊方適當明末紀竭力輔三王鞠躬誓一死哀哉大埠橋至今咽流水我自粵返黔歲在壬戌丌初抵誠州城見聞事驚喜下江苗叛亂兵戈擾

未已不意公在天惻然念桑梓忠魂通夢寐微言示甲子豈非公之靈雖死猶生矣近日下江苗匪滋事袁久山郡守孫藕船别駕會議勦辦別駕夢公示句有云事上使下總在忠誠甲子而後勛業蒸蒸故云

弔何忠誠公　咸豐辛酉署古州廳同知郎補知府鳳凰廳人田宗超拔亭

受任頻揮卻日戈先生正氣壯山河伊周事業勤王著楚粵勳猷苦戰磨不遺興衰隨運會敢拚身命涉風波遺徽二百餘年後憑弔忠魂發浩歌

劫換紅羊起戰爭誠州天特降奇英力撐半壁才無匹志復中原事可成何意真人膺厯數那堪諸將恣貪横滿

殘局誰收拾報國還教死有榮

赴義曾傳大埠橋臣心匪石劇難搖惟將盡瘁酬先帝詎忍辜恩負本朝就死全門齊入地捐生孤憤直冲霄萬家墮淚千軍哭終古湘流恨未消

人事天時竟靡常艱難竭力殉疆場丹忱苦爲全明社白骨猶能返故鄉史論自應同信國公心原欲作汾陽忠誠褒謚隆　當代大節昭垂日月光

前題　咸豐五年歲貢郡人朱丙壽山

天心已自歸新主臣力猶思挽舊疆受命專征督五省鞠

躬盡瘁輔三王孤忠直並河山永正氣還爭日月光表表
勛名昭汗簡至今遺跡耀衡湘

前題　候選從九品黎平人楊芳松　子青

抗節回天運天心竟若何五年功未就一死恨難磨悵望
中興頌哀吟正氣歌至今湘水畔鵑怨血痕多

讀三忠合刻　候選從九品黎平人黃祖禮　立夫

三公勵節著前朝史冊流芬姓字標一日成仁天地肅千
秋誦義古今昭太常蒸國議香火光祿蓮山禁採樵最是
忠誠維宇宙聯編合集比瓊瑤

弔何忠誠公　同治癸亥署古州廳同知恩恩縣人貢生方憲修滁山

秉鉞頻勞五易霜局殘無計挽金湯河山大半非吾土氣數終難問彼蒼東去城空追義旅南來水潔滁忠腸備敎恢復能酬願輦駕何當滯武岡

虎鬪龍爭鳥獸驚西南端賴此長城將星遙落終炎漢尺組高懸報大明留守同心期共死桂林有變公馳入與留守瞿式耜督諸將拒戰城獲將軍蒙面恥俱生劉承允夙執弟子禮劉納款執公母妻子女以獻劇憐百全口全無惜祇爲慈親寄恨聲

十三雄鎮歎零星七尺軀曾百戰經心痛劫灰千里赤魂

消燐火萬山青盈廷公論迎風祭遍地哀聲帶雨聽多感寺僧收葬後至今有墓拜英靈

身家可棄志難捐詎肯承疇一席延歷盡風波空誓日嘔殘心血祇呼天冤沈大埠傷春燕淚灑宗周哭杜鵑史冊不磨公不死湘江風雨自年年

前題

（咸豐戊午任錦屏鄉學教諭道光癸卯科舉人貴筑徐步鑾金坡）

轍合文山境過之先生苦節著當時忠誠神佑垂青史（明史公列傳中語）定謚熙朝確不移（乾隆四十一年欽定勝朝殉節諸臣錄賜公專謚忠誠）

贊　　　郡人張璿極天衡

督部何公浙紹流風淵源其學皎潔其胸賢書肇迹明主推陞屢遷太師秉鉞湘中幾經盤錯猶矢精忠行比嚴霜烈日節如翠柏蒼松不肯受高爵之三公不肯享厚糈之萬鍾惟留此丹心一點貫萬丈之長虹

贊　[redacted]

盡瘁楚粵莫濟時艱浩乎其氣慘乎其顏精撼湘水誠矗衡山武鄉信國伯仲之間

長新按陳本未載作者姓名疑爲胡定之五開衛志鄉賢傳贊

何公祠額聯

文烈何公祠 乾隆乙未孟春 知府吳光廷題

文忠武烈 乾隆乙未孟春 廬江吳光廷題

井里顯奇徵乘箕尾已升碧落

湘中垂大節亭烝嘗應在梓桑 廬江吳光廷題

天鑒忠誠 道光癸巳八月署 知府王應樸題

勳業紹汾陽督十三總鎮勤王之師盡瘁匪躬全大節

艱貞符信國溯二百餘年養士之報祠修志表孤忠 王應樸題

義旅守殘疆可憐戰艦降旛萬古江聲銷毅魄 咸豐元年仲春

崇祠留故里猶有啼猿怨鶴五開雲氣想英靈 常熟翁同書題

惟公爲一代偉人生封侯沒封王想五載督師泣血嘔心
精魂長依楚水　咸豐二年孟春
此地留兩間正氣臣死忠子死孝合全家殉難成仁取義
苦節更倍文山　署開泰縣知縣衡陽魏承柷題

何公坊額聯

黔南正氣　嘉慶庚午黎平知府沈樂善題
一代偉人　嘉慶庚午開泰知縣李克轍題
盡瘁　匪躬　成仁　取義
繼信國追汾陽亮節精忠昭日月
扶三王督五省雄才大畧壯山河

一門節烈精誠感　俾勤王大義

千古綱常血性存　掃逆寇餘氛

故里徵祥留勝跡　精神常貫日

熙朝定謚表孤忠　氣節自淩霄　以上皆郡歲貢生劉恂撰

何公墓額聯

鞠躬盡瘁　是謂不朽

忠骨馨香依井里　山水繞環培正氣

英魂慘淡遡湖湘　風雲擁護壯佳城　以上郡歲貢生胡萬青撰

墓旁室額聯

大節昭然公自有名垂竹帛 咸豐壬子仲冬
先生往矣我來此地弔松楸 益陽胡林翼題

湘水矢孤忠看鶴表歸來風馬雲旗遊故國
稽山同一本忝熊轓出守黃蕉丹荔薦明禋
余宗籍浙紹而吾宗系本於何今來權守黎郡爲明何忠誠公故里亦公之先世固由山陰遷黎者也墓在郡西關外敬謁之餘竊幸自託淵源伏冀昭其靈佑俾不致貽隕越是尤守土之願焉耳咸豐辛酉季夏月滇南袁鴻基敬題
西佛崖別墅 咸豐辛酉仲冬 合郡後學敬立

山水有清音占墓至今留正氣
軒窻無俗韻憑欄弔古仰孤忠 郡人胡萬青譔

氣節壯河山大志幾人能繼
忠誠通夢寐英靈曠代如生

咸豐辛酉仲冬余分守下江值苗氛未靖出示招撫思以誠意格之適在郡邸夢中湘王垂訓數語嘉余矢志忠誠次日卽向西佛崖謁墓躬祭蓋王爲明季偉人忠誠其謚也用獻楹聯以景孤忠高躅云壬戌孟春皖桐孫長源撰

天香閣額聯

天香書院 乾隆己丑夏月 知府小格題

景仰無窮 咸豐辛酉仲秋 滇南方時乾立

大節勵名山此地早儲公輔器 咸豐辛酉仲秋
英風留傑閣先生眞讀聖賢書 郡人胡長新撰

非色非空非相
此山此水此人 滇南方時乾撰

校刊忠烈編跋

有明何忠誠公當國家傾覆之餘以一身荷三百載綱常之重鞠躬盡瘁百折不回卒之天心莫挽從容就義貞不愧爲一代偉人　應珠　幸托同里欽公之風久矣憶童稚時聞父老述公事蹟輒心嚮往之嗣得何氏家藏忠烈編寫本益悉其完忠始末亟思壽諸剞劂用廣流傳奈兵燹連年未遑及此今秋胡耔禾師謀爲刻書之舉卽請先事斯編以公諸世師以爲然爰取何氏本竝陳冠山學博所輯加以後得詩文重編付梓　應珠　承命讎校竝倡集貲越數

月而工告竣或謂公之忠烈具見於史志諸書今之刻毋
乃贅乎是殆不然史　朝廷之書也志郡邑之書也天下
之大士類之衆其得覩之者或尠且同時殉節男婦以及
公之奏疏文字史志或删之而不録或載之而不詳是編
實足以補史志所未備是刻亦烏可少哉抑是刻非僅表
前賢忠烈已也將欲使天下讀是編者觀感奮興咸知以
忠孝大節自勵庶足以挽世運人心於萬一是尤今日之
急務也夫旹同治元年歲次壬戌季冬月里人彭應[illegible]
淵氏敬識於景湖堂

（明）章正宸撰

儞東餓夫傳

一卷

越中文獻輯存書十種本

俇東餓夫傳

明 章正宸 撰

俇東餓夫者。生於會稽俇山之東而卒於餓。故名也。其言行可傳者傳矣。不可傳者。世亦莫能傳也。故臨死而自爲傳也。姓章氏。名正宸。字羽侯。號格菴。晚號甦道人。最後易姓名淨絃一無際。一珠懷珠懷者。懷珠也。父公玄府君。母陶恭人。以萬曆丁酉十二月二十日。巳時生餓夫於京邸。頗穎慧。寡笑言。七歲就外傅。九歲通四書周易。十歲通諸子百家。喜涉獵。尤躭左史淮南。十三歲。大肆力於帖括。數藝不移晷輒就。十四歲。諸同學聯社角業。咸遜弗如。十五歲專習古文詞。翩翩自得。父命從大參定海謝公遊。抑情舉子藝。是時馳騁筆墨。意青紫可唾手拾。十六歲。奉父命旋越試郡邑。以竿牘爲郡所排。抱痾半載。始得蘇。然自此襟懷忽開。恍然有所會。每登高眺遠。終日忘返。一切升沉直浮雲視之也。二十一歲。受學明經萬鏡李公。多所領悟。再應試。邑令少司馬莆田彭公拔置首列。與族叔知縣爰發。稱章氏童子雙璧。二十二歲。學使光祿同安蔡公以春秋補餓夫邑庠。春秋爲孤經。餓夫向未有師承也。以意習之者三月。嘉興令大中丞宜興蔣公分較得卷。大奇之。錄呈主者。主者業有所屬而見斥。蔣公嗛然。爲廢箸歎惋。遂延至署。俾子任受學。二十三四五歲。皆在携李。餓夫立教。務靜坐看。未發氣象。一以濂洛關閩爲宗。間取六籍及儒先語。日誦繹之。錄其粹者。獨證於心。爲及門闡說。又約束甚嚴。納之繩簡。舍中讀書。不輒暨趾無敢出戶。既切劘以道。故德行修而文日進。蔣公歡甚。尊奉異於他師。歲時旋里。省覲陶恭人者再。出入一敝帷自覆。不交胥椽半語。携李紳衿。不知餓夫令客者。庚申春。臥病四閱月。乃旁及二氏之學。辛酉科試。文宗大司馬南安洪公擊節其文。錄第一。餼學宮。試畢。以卷呈。洪公以卷示全省諸士。謂茲科無章某若者。必售矣。而竟不售。公怏怏。以熹廟登極恩。太學。二十六歲。挾策廷試。時別先大夫八年所矣。相對欷歔。餓夫跽謂大人久困長安。兒不能脫儒冠。沾寸祿以爲養。兒負大人。先大夫慰勉曰。太學賢關。名儒輻輳。汝第善承我志。勿交臂而失。我望汝成遠大器。功名早晚有數。我不汝尤也。餓夫益自刻厲。卓然以聖賢爲期。所與游盡海內豪俊。二十七歲。京師歸。復館宜興蔣氏。餓夫性簡淡。不治家人產。家人產業素貧。修脯。沈恭人助以女工。甘旨恒不給。二十八歲。赴北雍。墮馬傷右腕。辦阻場事。而卒不第。府君曰。此天也。然餓夫每閱邸抄。輒狂叫不下咽。傷心於熏腐。勢同騎虎。而楊左諸君子。用壯不過。反成禍胎。燕市酒樓中慟哭。彌月。乃歸侍母恭人。而府君以是冬謁選丞靈璧。二十九歲。奉先恭人之靈璧。是年館同邑沈氏水西書院。三十歲正月。又至靈璧。稱先大夫六十壽。別駕范公邀至鳳陽讀書。旋之壽春署。先妣卽世。不及親含。號痛殞絕。遂艱丁卯之試。然餓夫貧愈劇。名愈高。矢操益堅。見儕輩上修諸。爲人居間。或陰陽首鼠。滑梯諸媚。甚厭薄之。以是於世資無分毫汙涴。既煢煢在疚。館於族伯徵君印臺公宅。惟殫精研思。與侄弟等考德課藝。既而先大夫罷官歸。依依膝前。嘗方治藥。夙夜匪懈。而宜興所授學者。又來延致。不得已應之。是爲三十二歲。三十三歲。問字者履相錯也。時錫山勤華吳先生。荊溪剛甫諸先生。俱以講學躬行。爲四方宗仰。餓夫往來其間。參差砥礪。於身心性命。彌有發摅。而復與磬山覺宇上人。訂方外交。三十四歲。則以理學爲事。有終焉邱壑之志。不復干榮進矣。而先大夫愀然曰。汝隱。吾何望乎。促上公車。時蔣公以太僕督餉兩浙。餓夫乃於六月二十一日鼓棹。及抵京。距閘止六日。赴司成補試。時崑山顧公大賞其文。急牒京兆。俾觀場。而餓夫夷然弗屑也。役竣。卽饘蹇南旋。至濟甯。始至入殼。僮僕勸餓夫北轅。餓夫指同行李師曰。吾師大器。尙淹滯。而某幽棼倖售。方深汗背。若舍我師而北。某何以比較於人。遂借南。是科典順天試者。詹事姑蘇姚公也。公負人倫鑒。特拔餓夫卷。冠麟經第一。放榜後。恨不即見餓夫。餓夫於九月二十一日過武林。適蔣公將出關。撫掌相迎。蔣公於十二月報命。約餓夫同計偕。餓夫許諾。至京首謁姑蘇師。師喜曰。眞明體適用人也。三十五歲會試時。主考宜興閣學周公。桐城何公。分考謚德長洲陳公。刑垣東莞李公。當陳公入簾之夕。肅衣冠。焚香禱於上帝。願得忠孝文武人才。光我國家。次夜得餓夫卷。亟掀髯叫絕。各房駭愕。陳公因以餓夫麟藝授李公。覆閱。李公曰。神經也。共擬第一。而謚德上虞倪公曰。是必章某人。其文端剴而閎博。及拆號。主考周公。素習餓夫名。拱手曰。章生不特有文。兼有行。不佞躍爲朝廷賀。而餓夫館選之略已公定矣。殿試。登進士第二甲四十三名。觀政工部。餓夫雖釋褐。屹然稱自豎立。恥隨俗浮沉。有欄棊。僦數椽居之。自循例造謁主司。洎蒞冬官郎署。考求掌古而外。唯專力經史。期爲有用之學。杜門卻掃。同籍契洽二三字間遊從。不過簞食豆羹。日夕無倦。義利之界。尤所深晰。吾鄉當國者。爲烏程溫公。陰使工迎合餓夫。鄙之、旅見一二而已。不私覿。大憾之。且於姑蘇姚公有嫌。姚公每對客。必頌餓夫。愈觸其怒。餓夫以令甲宜次年夏。授部曹。返越爲六月息。而蔣公固留姚。公又力持不可。則強出應館試。選庶吉士。讀書中秘。而餓夫益夷然弗屑也。絕晏會。減騶從。闃寂如寒士。然無日不赴館。卯進酉出以爲恒。凡再閱寒暑。屈指乞假不赴館者。止送姚公南歸。及治萬鏡李師喪兩日耳。所師事閣學上饒鄭公。同安林公。尚書豐城唐公。咸器重餓夫。餓夫與太倉張子天如。無錫馬子君常。清江楊子伯祥。保德王子二彌。錢塘吳子默眞。更相友善。以文章道誼。孳孳敦勉。餓夫所爲文。根本六經。古樸爾雅。恥雕繢。讀古人書。見古人忠孝事。欣然神往。吾鄉清修實學。則推劉先生而先生踽踽寡合。然獨可矜餓夫。餓夫貌質行和。語無緣飾。世味一無嗜好。而古今典故。井然在胸。三十七歲八月。散館。出餓夫禮科給事中。舊例。凡朔望。諸庶吉士就文淵閣給筆札食大官。試居首者得留。以故士不自珍惜。爭爲奔兢。試甫畢。即袖其文稿。獻之館中諸先生。求道地。諸先輩心雖非之。然門墻香火情重。遇館師邀之閱卷。則袖以入。取首若掇。餓夫性恬退。終不能壓卷也。宮坊遂安方公。時晤索餓夫文。業擬首。招餓夫一謝。餓夫不爲禮。案亦竟不發。又溫相國怙寵驕甚。徧謁諸庶吉士。似有所指授。媚相國者踵其門稱晚進。執禮甚恭。餓夫獨不往。相國大恚恨。思有以中之。其散授禮垣。猶迫於公論也。餓夫得居言路。殊喜。謂今日乃得行吾志。不勝於史官。逡巡作三日新婦耶。急抱襆入直。凡章疏下。一意批駁。不避權貴。首陳國本勸學二事。烈皇帝手詔褒納。餓夫彌自奮。不一月。閣學巴縣王公。以夤緣由戚畹。不由廷推。降中旨入輔政。中外警心脅息。莫敢言者。餓夫抗疏劾之。詞甚切至。天子下書詰責。對簿法司。餓夫方晨星。讀漢書。使者到門。餓夫神氣自得。沈恭人以舁至邸舍。餓夫竟不入內別。慷慨就縶。在圄。圖唯親閱史。談宗乘。與中丞江甯余公。烏程沈公。京山鄭公最暱。法司兩鞫餓夫。謂新進妄言耳。無他肺腸。餓夫瞠目曰。禮官非妄言也。法司攝之獄上。上怒亦漸解。臘月二十日。宥歸田里。餓夫被譴。詞林言職。趨賀新相國。齒及章某。雖未闇大體。閣下自宜調護。巴縣遽離坐。擲茗碗。厲聲曰。渠欲效唐子方。我安能爲文潞公耶。拂衣入內。不送客出門。聞者嗤笑。餓夫免官歸田。四月八日。抵子舍。角巾野服。謁府君。府君曰。士所當爲。固不止此。兒善自愛。餓夫拜受教。既喜獲遂隱居夙願。貸金錢築一小閣。爲府君宴息之所。宮詹漳浦黃公顏之籟適。而陳圖史於其中。窮年屹屹。仍手理一編。盡屏人事。官府不知半跡寸蹄。里中名大夫。如總憲劉公。中丞祁公。州守陶公。時相講習。冥會心通。風雨靡間。餓夫甕雖空。所供具四方知交。未嘗絕乏。乙亥。三十九歲。屬寇犯鳳陵。上坐罪漕撫楊公一鵬。而巴縣相國。內以師生誼。調旨薄責。爲言者所牽。上震怒。一鵬逮治斬西市。巴縣又受鄉人鄧玘金予肘印。爲上所疑。彈文蜂起。留中未發。而巴縣急上章自白。天子惡其漏洩禁中事。械巴縣家奴遠戍。巴縣懼慄。屢引告。詔許之。天子復遣兵科福清林公馳鳳勘狀得實。乃罪已修省。勅六曹講求缺失。而主銓南昌吳公以起廢名。多與近爲烏程所謫逐者。烏程相大怫。於是吳公坐朦徇下於理。起廢之舉且止。言者交章訟餓夫冤。宜特召還。越明年秋。吏部乃更定百餘員奏之。烏程密有所授。不及餓夫。上見餓夫名曰。朕久負爾。凡點用一十二人。唯餓夫得補舊秩。餘皆鐫職錄用有差。四十一歲。正月。遵府君命。治槖赴召。非其好也。烏程刻深結上知。與王曹諸權璫聲相倚。毛舉外廷苛細。至軍國大事。慨不問。諸臺諫箝默取容。烏程則諛權璫。曰。聖朝無闕。而餓夫於孟夏還戶垣。拜疏遜謝。即言左右不可恃。宰執言官不當護身護官。上嘉歎。權璫宰執咸切齒。乃以襄藩封差畀餓夫。時襄陽告急。道路梗阻。名雖使之。實阱之也。餓夫星夜由汴入宛。單車抵襄。所經叛弁驕兵。猙獰剽掠。不勝紀。今司馬黔中何公。時爲宛令。殊相契。既竣役。凡王遺贈。悉却不受。便道抵里。侍先大夫菽水歡。若將終身焉。課一蒼頭。一童子。治畦蔬。供朝夕。客或至自燕。稱說邸中聞見。淚輒潸然。嘆天子眞孤立也。是年夏。烏程相解柄去。而所汲引私人。仍駸駸向用。私人者。崔魏餘孽也。僉院韓城薛公。陰鷙類鳥穫。而疾善如仇。遂超拜內閣。餓夫在家聞報。大驚曰。時事尚可爲耶。次年。四十二歲。欲乞休。府君強之乃行。時大司馬武陵楊公。佞猾多智數。嵩結中貴人家蔽欲款市。希目前羈縻。且大拜。又欲乘星變火災。託爲妖祥之說。搖動中宮。以媢田貴妃。餓夫憤甚。糾之。并刺及韓城。幾陷不測。亦竟無他。韓城武陵大惎餓夫。遂中以他事。戶科掌印官奪三級。餘奪一級焉。已而武陵果入相。罪宮坊漳浦黃公。修撰吉水劉公。編修常熟趙公。側目餓夫不已。時對閣學蘄水姚公。太宰吾里商公道之。是時倉庾告匱。禁旅呼庚。漕米抵壩者尚未登。上憂憤。亟命餓夫催儹。餓夫爲條理八要二害。上立勅施行。於是糾察得法。逋匿大清。省東縉無算。歲入覩舊增十餘萬。九月初畢事。不至守凍。上乃喜。令復級。賜酒食慰勞。漕甫畢。而□□已聘河干矣。京師戒嚴。天子旰食。四方勤王兵。雲集索餉。批答如流。夜分不輟。戶科自掌印傳公外。止餓夫一人在直。燒燭達旦。披衣接旨。有不可者。輒封駁如章程。其需計部覆奏者。立移部覆。不忒時晷。稍遲則誤餉。且傳旨中使。訶辱及之矣。署中禁火。隆冬深夜。榾柮無聲。目不交睫。體不支牀者。四閱月乃已。再明年四十三歲。會當大比。餓夫循次同簡討保德王公典湖廣鄉試。先時宮詹蘄水姚公與姑蘇姚公。同稱餓夫庚午主考師。兩師臭味迥異。姑蘇姚公。忤烏程相公。烏程試北闈。倅中武生。左遷南掌院。佗傺死。而蘄水姚公獨見親與宮詹漳浦黃公。都諫鎮海何公。爲雖士論輕之。戊寅枚卜。蘄水託餓夫。俾與商太宰言。是必首推我之。誓不作第二人也。太宰恍於上論。不果推。恚餓夫。因陰擁武陵入閣。爲已援。已卯再枚卜。蘄水竟大用。主之者韓城也。楚時有二相。居中用事。炎赫幾如江陵。餓夫與王公謀。我輩唯恪供乃職。殫精蒐閱已耳。凡事最忌戒心。若其子弟果才。入彀何害。既抵楚。入棘。與簾官天日拈鬮命題。掣簽分卷。字櫛句比。肅若師生。雖二三場。必令徧覽。每午夜。拉王公攜墨至各舍慰勞。佐其讀。放榜。闋得眞才。且多貧士。而二相子侄姻婭觀場者凡三十餘輩。俱不第。甲乙與評大服。凡同考。例取資深有文望者充之。春秋房則黃州理刑倪公。蒞方七日。人謂蘄水相國。囑門人直指使林公得之者。餓夫猶加意。是經再三搜閱。最後拔曹生脩昌於廢簏中。置之首。海內頌其文。爲茲榜冠。而陳生繩德。連舉進士。擢御史。以忠節顯。是年春。餓夫以聖母徽號恩得封父母如子官。府官幣於計處。不得封。餓夫甚憂之。欲訴上。蘄水相國曰。何必爾。往給可矣。餓夫泣曰。門生矢不以父故欺明主。且吾父原非壘也。疏卒上。上憐而許焉。令甲中計壘者。不准移封。遇恩止服章服。再遇恩乃封。亦有不封者。准移封。蓋曠典也。餓夫喜甚。即便道過里中。捧諸弟子錦屏登堂賀。俄而晉餓夫吏部右屬。明年大察。外吏比馭入都。已。庚辰四十四歲。吏佐察唯謹。頃巡視太倉銀庫。晉禮科左庫。歲須京邊額餉四百萬。新加遼練一千五百餘萬。戶主政二員分督。而臺省各一員。稽核之。各藩司郡邑吏。解如期者旌。不及額者劾。是時歲屢凶。吏苟免參罰。暇民血亦不䘏郵。又錢糧冊左右影射。獘如蝟毛。而餉之者。計部堂官。胥吏代包攬。居停皆有弊。各郡邑借名科派。半充私橐。而監庫官多出任子與羣吏。備荒臺省。號巡視。僅薄書期會事。空文而已。餓夫謂此國脈民命所關也。奈何以憚怨勞。鰥吾職。監庫陳主事標。侵餉千餘。立糾之。追償逮戍。條上數事。淸積案。設俸票。禁交會。呈樣錠。嚴巡察。公稱免。核、批文款項。咸得旨。著爲令。庫弊大釐。人人畏凜。餓夫謂此知效一官。能盡一職耳。未足塞科臣責也。其在齒路馬乎。時中璫專權。陰伺臣下短長。輒羅織搜捕。公卿以下仰鼻息。務苟免而已。貪風彌熾。冀緣積錙銖。以飽奸人谿壑。倘昏旦有警。呼應不靈。弗論眞贗亘僨矣。無賴年少。利長安富人財。竄入籍中。比朋詐驕。恫疑恐嚇。擇人而食。千里重足。自號西廠。毎以一指大符。下三輔郡縣。無不滅門者。餓夫蹶然曰。此而不言。誰當言者乎。亟章疏上之。上得疏。以硃抹西廠字。發閣淍斥。閣學黃縣范公。不解上意。擬云。章某何據。稱西廠。姑不究。上辭閣改票。范公再擬。改一語云。殊屬率妄。上仍發閣改票。而密召巨璫戒之曰。言官疏至矣。汝曹獨不畏死耶。其急解印綬。如章某者。朕亦憚之。語稍稍聞外。而閣票始着擬巨璫自行回奏。於是巨璫悉撤其黨。不一留。而其回奏。則第云。臣未到任。先已有西廠之號。臣到任。力爲禁止。科臣風聞。尤足訝也。餓夫行長安道上。道上老幼。相率指餓夫曰。此請罷西廠掌科。嘖嘖者久之。蓋歆若更生云。數年來。外廷踵先朝陋習。設械角立。而內廷浸染。借外廷爲聲援。亦分曹角勝負。士大夫謦詬已恥。依違取罷。利難翹然。命君子者。以通內爲權變。恟有附託。餓夫獨守樹。不肯與同俯仰。宜興相國居家久。謀冉召慕功名者。通中貴人爲道地。特未有問也。韓城傳衣鉢於烏程。與宜興夙隙。阻之中貴。遂舉縉紳所撫韓城一二陰事。譖於上。韓城自柄政後。驕甚。在上前語多不遜。不如烏程之巧謏。上頗厭之。既得婁縱謗書。大恨。謂國觀負朕。黜之。蘄州乞骸骨。亦罷歸。而謟韓城者。日夜不已。上乃逮韓城至京。賜之疋練。韓城自經死。於是宜興有出山之兆矣。韓城蘄州武陵惡漳浦黃。必欲殺之。黃公雖被杖繫獄。日讀書不輟。其獄中寃濫微文小過耳。屢讞屢駁。以爲常法司益務刻深。迎合上意。圜扉無寸草。又錢糧考成如秋荼。鐫職級以數十計。終身不得復。以故司道郡臺省缺。主銓環視屏風。無一可陞補者。吏雖至貪頑。不肯以錢糧報逋額。仍許蒞政。不得引咎歸。水旱不時。吏豈年徵索。里閈小民。破產蕩家。怨咨載道。而度支不聞。催牒如雨。士大夫爲事或建言。投閒者比比。即謫戍城旦。踵相接也。日引領溯雪。宜興思自効。謂非我莫能爲上挽回者。海內信之。喁喁向慕。然宜興雖於餓夫爲師生。心畏餓夫鷙。不通款曲。餓夫亦微聞其與閹學涿鹿馮公。新進皆爲道地者。馮公力也。馮公又與太宰德州謝公善。謝公入內閣。馮公亦有力焉。而次年春召用宜興之命果下。餓夫時年四十五歲。倖漏內察。即以催餉使江南。未啓行。洛陽爲闖賊攻陷。福藩殉焉。報至。上召對乾清宮。流涕太息。餓夫方言及本兵陳新甲。縱寇罔上狀。新甲在上旁申辯。餓夫憤。期期理前說。上亟止之。餓夫佗傺而出。遂束裝治賦。謂賢者盡力。今正其時。姑以是救斯民饑渴耳。江東大旱。斗米三錢。聞吏至。即亡

紹興公報社印行

匿。餓夫令郡縣善招徠。江南吏多壘。其良者僅廉稜自將諜辦本職無害。餓夫爲激揚。去其蟊賊。又步禱弛征。小民第知章給事。爲甦郵來。非爲催督來者。餉差供帳無額設。僕夫擔二僕。自治饔飧。謝絕郡邑一切問遺。臨行。小吏登記。所却自夏五至七月。凡爲兩共一千五百餘。俱藉還之。玉帛珍奇稱是。撫按又爲派其費於糧里。里可如干。餓夫悉報罷曰。無重累我窮農。餓夫目惻民艱。輒形條纈。念邊陲大帥。不竭力捍圉。而徒以脂膏供尾閭。皮毛俱盡。崩解可虞。期有所感悟上意。又痛戀舞文。謂催餉不如清餉。朝論韙之。俄而吏垣都給事中缺。餓夫以次當補。聞命控辭弗獲。於八月就道。十月抵京。宜興師已柄政浹旬。未有所設施也。餓夫掌六垣。益以澄清爲已任。有大於非大利害。必率諸臺諫公討之。無所諱忌。然諸臺諫於宰執第知承順風旨。竟敢異同。即間持一二正論。爲宰執譴斥。輒談曰。非我意。章某使爲之。故宰執有小舉動。必詢諸臺諫曰。章某無間言耶。餓夫初至邸。候相國於待漏院。相國外席執手。謂朝廷官爵是大家物。子愼毋拘。意息似往時。餓夫正襟對曰。正爲朝廷大家物。不敢曲狥私情耳。已而宜興所自效挽回者。果一二取旨。獨適欠。肆寃濫。寬考庀。錄廢棄。脫逋浦。黃公死。設施大快。海內交口頌新政。唯餓夫私憂之。一日詣相國所。相國耳語曰。我之出實涿州有力。吾媿無以報。涿州有母在。國家何靳一冠裳。不還涿州。俾得爲母壽乎。餓夫曰。是則然矣。冠裳不已將奈何。相國曰。豈有是哉。會垣中給事有彈及者。蓋公垣例有外遷。其劣者借正論護身。而宜興與德州涿州疑餓夫賺使恚不釋。忽中旨召諸臺諫入便殿。上曰。言官須設身處地。何苟且塞責。餓夫抗聲曰。設臺諫以求言。甯言而不當。毋使畏而不言。退草公疏。薦陳顧大開言路。弗生厭薄。誰導主上爲此者。諸宰執滋不悅。時閣學德州謝公與宜興隙。言臣方力詆謝公去。宜興師與閣學井研陳公。懽相繼攻也。餓夫痛疆事日壞。恨本兵陳新甲欺君賣國。屢借上方劍而并研相國與同譜。庇之甚力。劾甲每於上前。作兒女啼曰。臣不肖孤根。不幸廁名乙榜。是諸甲科侮臣。上惑之。然未數月。新甲棄市。宜興攬柄。得上寵。先務行姑息以干譽。四方賄賂麕集。餓夫益怏怏。欲正救之而無從。惟伉厲平裁持異。然中外大吏無不人人惕餓夫者。餓夫意有所可。每務加搜揚。有所不可。面折之。內外文武吏禁舌。戒不以苞苴入章某門。時西厰璫陳某日遣心腹偵餓夫。冀以酬前憾。卒無有。乃已。會奉詔推舉閣員。宜興與相國有屬意。而太宰吉水李公愿人也。恍於公議。難之。乃舉閩中蔣黃。浙中倪劉。關中惠等以進。詔再推。太宰意已移。出袖內片紙。爲少司空孝感傅。少司馬宛平劉。示餓夫及河南道介休張公。餓夫曰。是未必盡當。卽去其名。而少司空襄陽宋公。都院僉都房公。理卿平定張公。少司寇嘉善徐公。及詞林某某等總進。上切責太宰濫徇。俾對狀。次日。忽傳呼召對。公卿咸集臺省賜酒食。上服靑袍。率王太子二王子出御平臺。諸臣奏名叩首起。上呼太宰李日宣。都院房可壯。工部宋玫。大理張三謨。吏科章正宸。河南道張喧。詬之曰。枚卜重典。濫徇如此。汝不憂溺職耶。言官職正何在。任部院私自營求乎。宜逮訊。卽勅駕前金吾官捽衣裳。縛出午門候處分。餓夫神湛氣定。有死而已。不爲動。一鼓。緹騎傳旨送法司拷訊。李公相顧失色。慮不測。而中貴復以六犯家奴一二。隨入獄者。爲詞察獄情奏上。上切責法司。於是扃鐍益密。家人無有侍頮洗者。時兩宗伯晉江蔣公黃公。素方正有風度。爲上器可。宜興井研雖以廷推。故貌引重。而宣麻之日。卽罪及太宰。諸推者則明賁晉江。使局蹐不安其志。難究也。先數日前。客從涿來。偶述馮公與客語。章某禍事至矣。果然。則謂涿馮公呼吸弗通。帝謂誰信者。既而司寇嘉善徐公。廷尉延安惠公。具爰書上。各擬杖贖內降。李張章姑貰死。戍邊。宋房張姑如所擬。而餓夫得編籍楚之均州。六月二十三日入棘。七月初七日出棘。溽暑鬱炙。非上寬仁。瘦死矣。比抵郢。撫治崑山王公。時在襄。以襄方苦口。檄餓夫暫駐武昌。餓夫曰。君命也。不之均。何之乎。甫移棹而襄陷。餓夫因返武昌。遇左帥良玉大兵。幾所掠。脫歸金陵。而口氣日熾。撫軍宛平王公力戰死。武昌一葦可航。亦渺如天際。乃栖遲白下雨花臺。聶氏園。禪宗氣術。倍加精進。甲申四十八歲。金華王都亂。南司馬順天史公。令餓夫返扃東。偵動息。得問先府君安否。餓夫誦嘯籟適樓。謖子以暇。澆花種竹。或樹藝桑麻。與傭保雜。里中不知有舊都諫者。客有訪餓夫者。遇餓夫於田。授餓夫刺云。爲我通主翁。餓夫諾。而入。頃之。衣冠肅客。卽向遇諸田者也。餓夫直道。而屢干嚴譴。山林放廢。世謂歲寒後凋。自忤執政。後宜與相國以賍敗。賜自盡。凡通內搢紳。亦相繼敗。而國祚隨之矣。代餓夫掌吏科者。海鹽吳公。吳公俸滿擢奉常。舉餓夫自代。輿論僉以爲然。帝思餓夫忠。三月一日。再召還。而十九日。京師困。龍馭升遐矣。丙戌季秋二十五日。格菴絕筆於宗祠翠微樓。

辟穀兩月。形神猶復相親。因營葬先人。勉存一息。葬事既襄。吾目可瞑。勺水不進。而此一息。竟不能驟絕。雖曰從容。恐蹈因循苟且之轍。爲有道君子所非笑。謹叩辭宗祖殯于墓側。逍遥解脱。一夢黃粱。回思半月前。淋漓手誠。亦是是夢中囈語。𡛂子絮說。五十年行脚。益爲饒舌。付之水火。俱無不可。冬十月初八日餓夫續筆

餓中漫咏 十絕

江頭日日陣雲深。翠袖酣歌肘後金。一夕星兒飛數騎。旌旗十萬委紅塵。

幾回灑血殉背濤。却被鄰舟誤此宵。荊刺滿前何所適。忍將活計托僧寮。

踏破雲溪千萬重。蕭然孑影怯西風。迎眸無限傷心恨。夜夜江山入夢中。

惆悵西山採蕨薇。挑燈看史淚雙垂。當年文謝成何事。空與兒曹作話提。

邦家興廢豈由天。所志無酬又二年。殉節諸君相待久。偷生不值一文錢。

瀏覽遭逢非一端。丹心青史總難瞞。隨緣放手尋常事。敢作成仁取義看。

伶仃儡骨僅支床。野老偷瞧驀地傷。口此無生淸受用。一條布衲一爐香。

個中領會事如何。咬嚼虛空滋味多。南北東西皆大道。橫挑擔子笑呵呵。

中原誰起共匡扶。天若多情淚亦枯。不是華夷分不得。人心久矣化爲奴。

祠堂簫瑟日黃昏。何處啼禽慘斷魂。珍重君恩難報答。辭殖不覺又兼旬。

仲秋月六日筆　懷珠道人

崇禎甲申四月二十七日。越聞先帝凶問。祖與大中丞劉公。披衰執梃。號哭跳奔。會城謁撫軍莆田黃公。共縞素發喪。二十七日。服闋。乃入留都。謁孝陵。嗚咽不止。留都擁福世子爲帝。改元弘光。而馬士英入柄政。劉公與祖。俱以原秩召用。忽一日內批吏部侍郎。江陰張公。爲戶部尚書。復封還詔書。言中旨斷不可開端。而張公竟用。勛爵柳公祚昌。薦舊少宰丹陽張公。主政武進鄒公。御史劉公。廬州張公等。有旨部議。祖率諸臺諫。力言勳臣無薦文臣例。使文臣而賢者。心恥受詔詰對狀。不入直。此皆桐城阮公圖起用。先以中旨用江陰。後以勳爵薦文臣。使臺使無敢言。而宰執實弄也。不三日。而阮公已有旨。登司馬。治事矣。祖雖以原官起用。晉兵部侍郎。又晉尚書。又晉東閣大學士。而謝不受。反用之明年。爲四十九歲。元夕後。曾祖忽恙。躬爲調修。鷺田市參藥。至三月。終不起。時南都已失守。祖方居苫塊。不一月。而師止浙江。索劉公祁公急。劉公祁公殉節。五月二十九日。聞變。卽擬投江。而從者止焉。遄歸家廟。與宗老訣別。咏絕句十章明志。自八月初五日。至二十七。猶不死。而曾祖考妣未葬。五

一紹興公報社印行

內崩摧。宗老亦以爲言。族叔祖居華。有吉壤在玉笥山。曰。兒餓久不死。其爲二親乎。因呑淚勉進水泉。彌月襄事。遂廬墓側。仍勺水不入口。幾死。被僧人削髮勸之偕去。至今不知所然。孫祖繩述

順治十年。癸巳。金陵獲滇黔使楊鯤。供攀紳士甚多。至十月二十八日。戮於秣陵市者。七十二人。唯格庵以行遁年久。無從逮繫。得免於難。有山東進士耿章光人稱玄度先生者。卜居舊京有年矣。夫人姚氏。妾朱氏。及趙僕夫婦俱投井從死。一門著節焉。嗚呼。諸君子以西歸好音之懷。乖大雅明哲之義。報韓有心。着鞭無地。良可憫也。

紹興公報社印行

(清)水寶璐輯

向若水公崇祀賢祠録　一卷

四明水氏留碩稿後編本

向若水公崇祀賢祠錄

寧波府鄞縣兩學廪增附生員趙嗣賢徐之觀紀歷祚陳紫芝任允仕張尙乘方遠錫紀景星袁時中柴金鼎陸宇燝左峴陳開芳尉嗣㬎孫羌岳董允瑫陳弼宸董允璘王之琰紀五芝史大進范

廷麟沈光琦黃象求等狀呈爲公舉忠諫理學名賢懇恩崇祀文
廟永承俎豆以彰先哲以勵彝常事竊維崧嶽慶雲垂百世仰止
之則黌沚芬藻係三代直道之思若廼瑞聚門庭猶爲望隆梓里
嗣賢等濳踪泮水景行高山感百世之奮興念千秋之殷薦敢陳
彝好上瀆憲天茲葢伏爲本郡先賢前朝萬歷丙戌進士歷官甯
國丹陽令尹陞吏部驗封清吏司主政水公諱卿謨號海若宛陵
筮績潤水遷緐載陽曲阿之聲卓樹神明之譽鳴琴製錦式化江
左頹風馴雉甛棠允叶寰中丕頌方膺天眷而擢銓曹遽爲民勞
而乘箕尾父母之澤洽民心天啟甲子已蒙金陵學御賈名宦專
祠祔保之恩傳輿誦崇禎己卯又承浙省學憲許鄉賢特祀今更

有伊子故官天啟壬戌進士歷官評事御史左遷行人轉禮部主
客儀制尋陞兩湖學政屢任閩蜀粵三省兵憲水公諱佳允號向
若學本淵源道宏堂構胸藏二酉温綸開甲第以家傳望重四明
盛業並文章而世傑以天下名教是非爲己任學問上本六經立
士子器識文藝之大閑典型直宗三代法古在心不在迹厥修罔
覺其乃來律躬以實不以文勵積終身無怠色不幸父隕於官而
幼孤治喪循禮十齡內儼似成人猶幸母老於堂而强仕視膳問
安四十年猶如一日爲孝子更爲忠臣有文詞又有事業任廷評
而馳牡汲黯園清拜特簡以乘驄朱雲檻折決疑定獄僉稱明允
公平陳善閉邪不顧身家利害忠貞上貫皦日六疏鋤當路豪奸

勁節直肅清霜四海耤擎天偉力龍隆乎鐵面績同傳說之礪金
榮服乎繡衣功擬仲山之補袞方白簡以霜飛乃黃金而火爍舉
朝羣避行行且止未免獨詠皇皇者華然而質異雲霄必嚴甯俞
彤弓湛露之辨抑且標高泰岱絕無孟陽遊山飲酒之娛以文匠
總文衡五教五倫咸秩序用宗工為宗伯三千三百賴昭融未幾
出耳目之重臣一旦作文章之司命手扶雲漢總憑鐵面銅肝心
造洪鈞種遍碧桃紅杏海宇欣歐蘇復見宮牆慶言卜重生唐詩
晉字漢文章咸遵壇坫卞玉孟吟歐著述盡入品題範三湘七澤
雄風歸諸渾噩振兩端四教宗旨黜盡浮華蛙聲偕鳳噦爭鳴吾
道幾乍明乍滅螢火遇太陽自熄斯文遂如日如星十五國之賢

豪悉皆菁莪於王室千百人之俊乂莫不桃李於公門方擬心膂之任忽來節鉞之遷姑以擎天駕代宏才少展奠國安邦偉略弓刀絕技從容談笑之中樽俎宏猷妙運詩書之外閫下依然禮樂乃武乃文胸中自有甲兵上安下泰盛德固無遠而弗屆借攝隣郡而城狐自遁鴻雁自來至誠亦無微而弗彰祀禱司書而技鼠自窮魚蠹自滅以大材而小用正疊卜內召之徽音奈道高而謗興遂獨賦歸來之雅什急流勇退潔介甘志乎黃虀知命樂天孤高寡和於白雪圖中片石特供以屆臺名卉朝夕相禮如賓勁節可推門前雙桂命名爲獨秀衆芳出入必呼以友素衷堪念心事光顯正大親如子女亦不可以私干德量寬厚和平下至兒童亦

羣焉而知敬學紹鄒魯到處施孔孟正宗志慕伊皋盡人仰商周大業孝思忠讜交篤乎君親功令文章遍傳於遐邇廉頑起懦里閈咸推待後守先道統不墜蓋有是父有是子乃善於作善於承齒德爵三達之尊羽儀久峻於當年知仁勇六藝之先風格彌彰於今日宜列聖宮之祀用昭世德之休伏叩憲臺俯鑒輿情闡揚先哲特賜華袞九鼎俾享俎豆千秋將一門父子之流芳登諸秩序則兩浙士民之歸極永奉典型上表獻邦潛德下樹海國風聲激勸有裨恩垂不朽爲此激切連名具呈康熙三年七月日

巡按浙江等處監察御史顧如華批故宦水銓部水侍御橋梓聯芳甲第簪纓世顯勳猷立朝持玉尺之平裴王繼範校士蒐湘沅

之傑屈宋颷文更復振風采於臺班氣昂殿檻尤能娛林泉以著
述價重雞林誠可謂一門有道前光後輝者也輿論既愜於枌榆
馨香允符於俎豆仰甯波府即詳學道仍候批允以重瞽宗繖
甯波府爲公舉忠諫理學名賢懇恩崇祀文廟等事蒙巡按御史
顧批據甯波府鄞縣兩學生員趙嗣賢等呈稱故宦水公佳允崇
祀鄉賢等情蒙批仰府即詳學道蒙此隨行府學并鄞縣學查明
取結去後續據鄞縣知縣張幼學參看得本宦水公東海巨儒南
宮碩望卓矣冠裳世族萃兩浙之精英裒然閥閱名家鍾堇山之
灝秀居棘寺則直節干尋壁立覈實持平人無冤抑蒞柏臺則宏
猷八面風生指佞觸邪咸服公忠彰癉橫霜方臺仰糾繩偉概菁

義化雨復其欽禮樂儒宗章甫立朝端澄清流品彈文揮白日偃仰丰神未幾拜捧夫王言因之出司夫學政冰壺朗徹空明映漢水清漣玉鑑高懸公正邁衡峯並峙培養億萬年懿範移風在樽俎之間造就十五國人材得士在科名之上正氣著朝端國脈盛衰觀其去就清修高林下道統絕續係其存亡允宜鄉國崇禋而春秋俎豆者也據本府儒學教授俞宣琅申稱參看得本官水公家學淵源勳猷鼎盛名高兩浙胸藏有用文章望重四明掌運無窮事業學問直本洙泗揮毫迴黃峽之狂瀾政事遠法伊周到處起青天之輿誦試垣箴績則宣恩露以示物風烏臺洊登能格心非以持國是袖中諫草先除當道豺狼柱下彈文遂埽彌天雲霧

攄寸忱於白簡批驪頷以探珠典三禮於彤廷紹鳳音而徵瑞斗
山高赤幟一時冰鑑映衡湘奎璧燦霞輝千古文章推領袖無心
造士公正如天有意作人教思如地以一身而兩湖獨任既萃菁
莪棫樸於王朝且一時而兵憲三遷更作旬宣藩屏於王室既能
文又能武威德咸宜進以禮退以義出處盡善崇之俎豆庶幾廟
貌增輝享以烝嘗足使聖宮復振據鄞縣儒學教諭孫先梅申稱
參看得本宦水公楂梨繼美世德猶存堂構克家流風久著學宗
孔孟克明吾道于兩間業紹歐韓獨振斯文于百代壯行本幼學
志定髫年致主先澤民功彰往日五教明弼典司天下之平三昧
嬉游早斂漢庭之席未幾風生筆下列辟藉糾正宏功卒之霜凜

朝中百度藉澄清偉力抒丹心以報主簿書鞅掌悉出已裁開雅
意以率僚佐律森嚴莫假貴室雲興制禮秩宗之度數允孚日麗
衡文大道之精英不泯福曜同西山以並峙巍峩學士詞宗文星
借赤岸以爭芳點綴將軍武庫滿擬入司鈞軸又煩敭歷藩垣巡
行清一路之風霜旬宣布三方之雨露迎醪挾纊之衆盡叨似海
深恩操甲荷戈之夫心服如山節度上揚國勢而銷敵愾下安士
氣而壯軍威洵當日之周朱亦一時之韓范也增邀薦豆庶合萬
口以歡崇春禴秋嘗方洽衆心而知奮等緣由申詳到府據此隨
該本府知府崔維雅參看得本官水公學纂青箱品如白玉剛方
天植允稱傑出宏才忠孝性成素殫清卿雅譽道脈接孔顏之正

功名陋管晏之卑笠棘寺以持平卽擅祥刑雅頌登烏臺而獻納獨高蹇諤雄風介甫時名而新參特奏子厚作相而墨勑封麻膽落紈袴之兒風清組練之府直聲動地懍然六月氷霜抗論同天厲矣九重骨鯁方銀臺而繡斧聳觀彈壓之殊勳乃玉節分金函隨著光華之重望鳳出啣丹詔增光嶽峙川流雲歸捧玉皇頓見星高辰拱圖書讀秘府詳嚵十二文物葳蕤豪筆奉甘泉大禮三千聲名蔥蒨德承帝眷起數百年文運之衰道備師模作十七郡士林之主漢陽桃李一時同樸棫以俱榮夢澤菁莪三載與荊金而作貢而且一擲毛錐便精夫豹略而且借攝隣郡更裕夫龍韜才猷屢試庖刀洵矣陽春其有腳聲望久高韓斗美哉氷鑑總無

心出則爲王國之楨峩峩柱石處則作鄉邦之彥磊磊巖瞻茲既
久協旦評自宜增輝俎豆緣係請詳入祀鄉賢事理本府未敢擅
便合就呈詳爲此府司台行備由拆粘該縣并府縣學申到官吏
各結狀另具書册呈乞照詳施行康熙三年七月日
巡按浙江等處監察御史顧如華又批覆看得本官水公向若先
生學本眞儒道開先覺尼山正脈賴補救而重興洙泗淵源藉迴
瀾而裕本筮擅棘寺平反之譽囹圄空虛陟振柏臺行止之威朝
綱整肅惟茲霜明瑰節天下矜式乎楷模因之淵映沖懷皇猷黼
黻於禮樂一麾而出雖以公錯改官百折不回仍以孤忠悟主楓
宸來冰鑑俾三百年文運重光江漢藉金莖致十七郡膠庠起色

儀型廣式凡陶鑄處悉黜異端冰鏡高懸經品題者便成佳士視學既闡程朱微旨行師更兼郭岳英風偉績著兩朝在邦允稱鳴鳳盛名留今日居鄉更著儀鴻梓里情殷既切典型之仰芹宮慕久遠隆崇報之猷仰候學道詳示行繳

浙江提督學政胡尚衡批看得故宦水公向若先生秀鍾金峩靈標太白四明共推家學丕振箕裘一身獨砥頹風爭欽衣鉢學貫今古直追三盤五誥之遺識達天人能洗諸子百家之陋到處發明孔孟之正脈盡人仰慕江漢之大行北寺六秋肌骨疑成冰雪西臺半載牙齒盡屬風霜出司文命則輝騰平東壁俾六經徽義如日中天再奮武威則望肅平南疆致四方向風似水行地開億

萬斯年之昌運洵哉理學名臣育百五十學之人材允矣文章司命鴻猷亮節至今同皎日以長懸介志貞操千載並清風而俱勵本道夙懔大君子之高風時勤嚮往茲沐古賢人之德教日就瞻依仰止景行亟光禋典仰該府縣查照禮儀擇吉遣主送入鄉賢祠崇祀繳

(清)胡長新輯

表忠錄一卷續錄一卷附錄一卷

三忠合刻本

同治壬戌冬

宗忠錄

黎郡重刊

目次

續錄

附錄

原序

余乙丑貢辟雍兗州同年柳子慕陵爲予言鶴南朱公殉節事謂當孔賊圍城時殺戮甚慘公登陴望見厲聲罵賊曰寧殺我勿殺我百姓述未畢而同舍有萊人祖前在圍城中者潸然涕下余亦欷歔弗勝歸甃開泰司訓適公墓爲人侵葬訟之官邑侯郝公正色曰朱太常天地正氣毀民何敢爾鐵案既成兼錄東萊忠烈狀揭之於石公嗣君庠生尚英俊英逸予纂盡作聯按黎平舊田黔楚同城叢苗雜處軍事頻興記載散軼迄無成書甚至訛以傳訛有

謂是墓乃公元配陳淑人葬此公特載其名於石余叱而爭之曰是殆不然公遇害時去圍解只一月耳事聞贈太常少卿廕一子卽其地建祠大書朱公太守罵賊死難處以旌之萊人戴公如天地哭公如父母豈不能厚斂公屍至使無貴無賤同爲掩埋之理余意不送歸則卜葬之矣今萊州有祠無墓則其歸葬而與陳淑人合墓也寧待問哉邑侯鄭公北人也知公死賊事甚詳表正其墓確實不誣余黔人詎不援事據理辨其爲公之墓忍聽俗人招魂以葬之謬耶公死節於崇禎壬申七月越百二十年復於

壬申七月得以修葺其墓豈非英靈在天明示忠骨之不可犯也哉至公登陴罵賊兩語捐軀存城之念已决於此嗣孫明經毓英赴萊省祠所得表忠録暨諸傳記文此兩語獨遺漏不載豈或散見他說耶黔少書籍不可得考矣公大義壯山河垂光青史凡感懷風烈可歌可泣之文何啻數千萬言惜不彙之成帙幸萊州所得諸作乃拔其尤者獨表忠録爲刻文餘傳記文并古今匾對悉皆其寫本久之必至散亡當念憑弔忠烈滴滴是血字字如珠細及閭巷之吟猶將登記弗棄矧其鴻章煥發同千古之不朽

乎尚英俊英請哀輯之眞至寶也但憾墓無誌銘幾使黎
陽目爲疑塚登陴兩語失傳安知危城孤忠早欲爲赤子
蒼生死哉余故一爲斷之一爲補之併叙於簡端云時
乾隆十八年癸酉歲春王月穀旦賁筑後學陳文政頓首
拜譔

原跋

褒貶寓春秋字分衮鉞賢奸揭綱目筆挾風霜古來賊子何多說到操莽眉巳皺史內貞臣不少披當張許淚交横食肉寢皮那計杲卿舌扁罵稱快裂眦衝髪穿斷江州頭飲降實難千載是非塲怕塗面孔一片乾淨地穩著脚跟嘗歎蕤園最愴朱守遭吳橋之變阻逆黨而東攻武協襄三齊高撐半壁社稷爲命萬里勿壞長城奈督鎮通市欄流貽朝廷養癰疽疾援師畫地聽殺登陴之軍撫議欺夫坐亡守土之吏奇男子拚身作餌烈丈夫甘鼎如飴七夕

暴腹書剜視腸中何物田橫多義士恥從海上獨生慨詞集腋以成裘鐵骨零星而聚哭讀表忠錄不垂淚者其人必非忠覩平叛記胥落膽焉斯世誰復叛節合標諸青史死眞重於泰山請觀朱季封疆重延東萊保障貴筑後學陳文政再識

表忠錄重刻編校姓氏

賜進士出身前分發江蘇即用知縣補銅仁府儒學教授五品銜里人胡長新覆輯

候選儒學訓導里人彭應珠仝校

原刻編校姓氏

貴州黎平府開泰縣儒學訓導貴筑陳文政編次

郡庠生顧滋柳分編

曾孫庠生朱俊英

庠生朱尚英　朱哲英

朱甲英　朱賢英

元　孫庠生朱正炳　庠生朱正爐
庠生朱正煇　庠生朱正煥
庠生朱正品　朱正燈
朱正經　朱正綸
朱正煌　朱正煬
朱正焜　朱正燔
朱正燿　朱正烈
嗣　孫　朱述仁　朱述義
朱述中　朱述和金劉

朱氏世系考

黎平十七世孫庠生朱廷楫春航

宋徽國文公生子三塾受之埜文之在敬之塾生子一鑑子明埜生
子四鉅子大銓子平鐸子敬鋌子成在生子四鉉鑄鉛鈇埜長子鉅
生子四淵景顏洽時中潛實夫濟孔澤洽爲白鹿洞山長遂由建寧
徙居南康洽生林文貴林生宗烈宗烈生英紹之英生仁甫仁
甫生福朝卿福從明太祖渡江以功封百戶由南康徙居廬州
府之無爲州爲遷濡須一世祖洪武中奉調率軍征五開後改開泰縣治因家焉又爲遷黎一世祖娶鄧氏生隆襲百戶福
回籍娶魏氏生子三燦思敬英思誠亮思忠卒年八十二與魏氏

合葬無爲州北門外賈家灣隆卒葬匠開衛東關外十里鋪之花坡生諒諒生景景生勇勇生鑑鑑生子三祥瓚汶祥生琉琉生紹勳自諒至紹勳俱襲百戶紹勳生子二長萬齡襲百戶次萬年（鶴南）卽烈愍公也生明萬歷十八年庚寅歲五月十五日午時殉節於崇禎五年壬申歲七月初七日年四十三歸葬黎郡北門外文筆山之東與配陳淑人合墓生子一位元（廕國子監博士）位元生恩榮（廕國子監博士）恩榮生子三毓英（秀軒）必英掄英毓英生子三正渾正焜正燦必英生子一正壽掄英生子一正熙

附錄

寄無爲州某轉達宗人書　朱萬年

恭惟老前輩函丈餘輝閭里光被緬想都門握手話心景氣尤躍躍心目間雖隔兩地而斗山之望未嘗頃刻忘也廬州府無爲州太平鄉實生祖籍家始祖朱福乙未年從太祖渡江以功陞世襲實授百戶二世祖朱隆勅調五開於此遂家焉職事承繼閱十代矣五世祖朱勇高祖朱鑑以前猶至拜掃後因關河迢遞始覺疎闊先年舍親黄同知父號五峯者亦至彼處有地名恍陳戶内一人名陳逵

者迺太平鄉横山人離無爲州往東五十里楊[redacted]家譜案註原書

此字破去邊河居住係生籍親家偶敘話間衷言欵厚因遍丘

長朱艮軒戶丁朱秀朱昌朱欽名姓卽三十年前族舍朱

絲亦至認識因別務他往未竣其事躭延至今未申祭掃

今仗祖宗蔭佑已開科第補庠弟子員亦十餘人丁夠上

百數口木本水源敢忘所自幸仗老前輩爲吾鄉宗主尤

生家一大緣也先經移文原籍數次照例優免十二丁石

路遥未查到否生季秋會試偕兄百戶朱禹齡先祭祖堂

花誥供譜隨身賫帶聊開巔末借重鼎言愽達宗內親父

兄弟子姪輩逐一致意先申啟候副容面悉臨池曷勝眷

躍之至宗譜勅命另紙謄覽按朱氏家譜覽字旁註有名圖書三字

名正具此字上原註有圖書二字

濡須朱傳

無爲朱氏家譜紀畧

余不揣淺陋與漪同暨阿咸謙六東玉輩增修宗譜因撿舊譜得玉瑠公手筆數幅每幅爲宗人諱萬年者誌其籍屬黎平曾舉於鄉任管倉主政且書與寰同崑柱及嶔之輩皆友善自悔恨遺其世系但云彼猶記吾始祖諱也余輩見之質族中諸高年咸莫能徵實因度闍不爲辨然私

心未始不疑也後讀玉瑠公集載有祭殉節贈冏卿萊州守鶴南姪祠詩旁註鶴南萬年字因知前所誌之人即其人究未晰其系出何祖又久之家秀鍾以一函來示云出自孔姓彼祖廷試時曾有人浼寄吾族世閱滄桑不解此書何以浮沈至今日啟視之乃向之所謂萬年者於都門托寄內列鄉貫氏族且云始祖從明太祖渡江以軍功世襲百戶二世陞公受秩調黎之五開衛遂家自彼今萬齡現任厥職遊膠庠者十數輩噫斯豈偶然者哉昔吾始祖避亂江淮爲常開平幕將楊杲所得欲養爲子意者參贊

諜譜多出白吾祖故有是襲歟然皆不可考矣獨異鶴南是譜不寄於生時而寄於死後不出於平昔而出於修譜之年且兵燹之餘巨家大族其爲珍藏玩好者夥矣皆蕩然泯滅消歸無有若茲片牘不化爲烟燼而復存於不相關切之人之子若孫噫斯豈偶然者哉信夫事之顯晦固屬有時究未始無陰驅潛率於其間也蓋吾祖德深仁溥流衍無窮黎平之盛信有然矣雖然黎平地屬黔楚遠處天末不通譜者數百年今欲恃區區一紙爲信劵豈不難哉惟是鶴南殷殷源本玉珊公之惓惓宗人似非無自又

不能無疑也故漫誌其略以俟後之君子折衷云康熙甲戌年孟冬月

送黎平宗人歸里序

濡須　朱景賢行維

黎平去濡須四千餘里今年夏五月有崇人秀軒偕其叔孌園姪正炯自黎之五開衛來言伊祖之遷黎者實自吾濡二世分支問其世已十四矣問其年已三百餘年矣予稍稍疑之秀軒因述其祖塋碑誌載無爲一世祖朝卿公諱並居住之太平鄉墳墓之作賈濤者皆歷歷不爽而猶不敢盡信秀軒又出其什細從南充生刻難狀示余盡讀

南先生舉於鄉明季爲山東萊州太守盡節萊城國史書之贈常少卿萊人祀之坐廟巍煥秀軒公往萊省墓道過濰須求一祭始祖此外無所事事方其娓娓陳述時其情甚切其貌若戚然者予既感其念之誠而終有憾於文獻之不足也及查閱家譜後紀畧中載黎平有名萬年字鶴南者與家選部銀臺柱史諸公友於京都後又以書來欲至濰謁始祖坐廟其開列祖諱與居地皆與秀軒言無異且其書至今猶存又查選部公詩集有祭萊州守鶴南姪殉難五言古體一首旁註鶴南名萬年與秀軒所出之狀

又無異夫當鶴南公寄書之日固不知有秀軒今日之來也秀軒已去祖四世又安知有昔年之書也哉延津之劍不可謂非天也由是觀之則以爲吾濡之分支非誣矣設使秀軒祖墓碑誌非云系出於濡則四千餘里之外迥若雲泥又安知吾濡有朱姓者而悉其始祖之名與居住之地一一其不爽也況乎鶴南先生忠節丈夫其於聖賢義利之辨精矣旣不負其君又焉忍誣其祖而背以他人之祖爲祖乎抑不獨此也秀軒爲黎之通儒飫饜於黎性情涵茂而達於禮文言語肫摯感人蓋溫溫君子也又何疑

於濡而必備物致享於吾之家廟邸隴耶且吾家乘遷徙錄中有云元至正間聞朝卿公輩有遷湖廣者後未詳豈即黎平之一脈歟蓋黎平雖屬貴州而五開則仍屬湖廣也夫朝卿公十五失怙恃流落江淮爲常開平大將楊杲所得欲養爲子公弗許故徘徊金斗定居濡邑彼其時孑然一身又何得有同輩人也則烏知其非朝卿公子若孫耶然而皆不可考矣惟是鶴南先生忠貞大節懸日月著壯河山既已百年俎豆傳之不朽今秀軒叔姪往還萬里瞻拜祖墓其孝思之誠尤足以上追古人而超越流俗夫

祖爲忠而孫爲孝凡屬含靈賦性之儔苟非天良之盡牿者未有不敬之愛之者也況予之爲同根者哉秀軒歸其益以忠孝砥礪後人善繼善述彰於天下傳諸後世使濡之族人於四千餘里外聞風景慕褰裳欲從其爲光於先祖者又何如也時雍正柔兆敦牂之歲

春贈燮園 如和秀軒號瑛二宗長 朱景賢愚夫

忠孝誰家傳世業五開華胄屬耆宗四千里外遙天夢三百年餘此日逢新化有源通濡水楚山分脈到巴龍情親莫問箕裘遠記取今朝意氣濃

合丹陽之役及返彼已載帆江上矣私心以未獲面晤細
考爲悵然晤族賢晉接者曲道其意思懃懇自序世系輩
次與吾濡相當較從前寄書親切似非遙遙華胄可比且
秀軒身列膠庠食餼有年胸次洞徹而其曾祖鶴南忠貞
亮節標炳青史斷不肯以他人之祖爲祖況其通譜又不
自秀軒等始乎再讀行維笏也所贈詩文皆慇慇有感余
心不覺勃然動矣獨是始祖遷濡以來止生三子併無所
謂諱隆者屢次譜牒無一言及此將何以徵信於前後哉
據譜載始祖爲元至元乙亥生去明洪武戊申卜居無爲

時屈指二十四歲矣意者從前寄居楊呆家或早有配育嗣吾祖參謀功多應有百戶之襲又不肯以民入軍因命子受秩往五開倘其然乎否則豫章與黔楚稍近或有配育得官勳命子承襲棄之他往歟未可知也但何以秀軒開列世系前又註彼處墓碑載一世祖諱福葬原籍無爲則原籍二字又爲乎來哉豈未遷濡以前早有是襲而既遷濡以後復通覲省故得註之碑版歟惜余未獲與秀軒面悉考實隆公生年是否在思徽公上則行次可以分定矣雖然事逾三百餘年路隔四千餘里或早誕於未遷濡

之前或分支於既遷濡之後或係親生或係養子皆屬風影依稀事難推究但念秀軒等以始祖爲念聯屬族誼則亦孝子仁人之情有不可已也且伊等此番持無爲譜歸勢必上溯茶院徽國及鹿洞濡須裴演前帙異日者或兩地通籍有人敘厥淵源而濡譜闕載將何以爲情乎爰將所開世系併鶴南公殉難狀撮爲傳另彙一帙附載譜末以俟後賢論訂倘或果係始祖親胄亦以聊慰幽魂於地下云爾時雍正庚戌仲冬月

謹按黎平家譜隆公生元順帝至正十二年壬辰卒明

成祖永樂十一年癸巳年六十二又按無爲家譜思敬
公生元順帝至正二十四年甲辰卒明英宗正統八年
癸亥年八十隆公實長思敬公十二歲同治壬戌季冬
月黎平十六世孫娬士謹識

讚

祖孫不識面今日見其真二本

互之塑画為塑所因隔朝還旧

第舉座認忠臣惟慮經行變趨

迎動百神

東萊後學張澐敬題

平叛記

陳冠山曰東萊毛荊石先生編輯載東事甚詳今止將朱太常事實摘錄悉照原本內有數條可撮記者有照表忠錄以守萊歸重太守者書法略有增損處

崇禎四年閏十一月廿八日登州援凌將士孔有德等叛於吳橋

十二月十三日萊州知府朱萬年示城守約

一議收斂凡官吏師生人等有願入城守者聽在城婦女一人不許出城違者重治　一凡縉紳百姓有糧草在外者許速搬運入城以備自用凡城內一粒一草不

許移出以資敵人　一十字路口卽立柵欄一座責令附近居民輪流看守至定更後卽行封鎖非奉令箭不許擅開五更後聽礮啟鎖失誤者重治　一有疾病生產緊急事情許執鐙往來以便認識訊問的實方許放行仍不許夜聚飲賭以生事端違者以軍法從事　一十家爲一牌鄉地挨戶清查如一戶男婦共幾名口某人年若干歲某處人係何生理或男若干歲何生理或弟若干歲何生理不許隱漏一人遇有外來寄居之人者一例入册新來者取具保結纔容入內若無保結卽

令移居出城以杜不虞牌內有素行不端蹤跡詭異者
即公同舉首如有容隱事發十家連坐 一每牌備蔴
搭五把火鉤五杆以防火災仍於各家門首設水缸一
箇若遇有火止許本牌十家互相撲滅不許別牌來援
以防姦宄竊取財物其左右兩牌人等各持猛棍站立
門首若有忙亂招呼鼓衆者以奸細論 一牌冊已定
即查冊內每戶取壯丁一名編派城頭以充垛夫 一
萊城周圍三里十八步城垛共一千七百七十八箇並
大樓角樓馬面量安紅夷大礮一尊用四輪車駕之以

便轉移挪動且防退崩傷人之患　一守垛之夫各執猛棍一根高出人頭粗如鵝卵每十觔爲度務以堅實之木爲之　一每垛置箭簾一掛既可避矢亦可蔽人眼目我更可以陰施礮矢　一每隔一垛用磚石壘之高厚皆與垛齊上堆擂石以禦敵人　一五垛置一小鐙十垛置一大鐙用長杆引索挑出城外鐙下以石墜之鐙上另有鐙盞以免搖動濕滅之患或用鐵籠即然乾柴以省油燭更便也　一每垛派守夫五人至夜每人守一更爲度令箭不時巡查晝則止用一人共四人

下城各作生理有警鳴金務必各守其地違者以軍法從事　一城垛夫並守柵欄人夫俱備梆鈴有警不許喧譁違者以奸細論　一敵人攻城多用雲梯以矢石禦之多不得近至城下或巳豎起卽用鈎鈎住提上城頭或用橦杆橦之可應手而碎或鈎住梯左叉住梯右順城一推無不斜倒零碎者　一萊營防汛三山女姑海口者俱撤回派守城頭萊膠靈潍五衛所春班遊軍俱題留在城一同護守　一大樓角樓下各屯軍五百晝則升旗夜則掛鐙有警以此爲號一處有事祇令

左右屯兵救援其他不許亂動以防指東擊西之虞
一守城人眾錢糧易盡倉穀支發勢必不足擇日齊集
城隍廟各出義助銀兩數目登記各人名下銀數少並
粟少者公議另加 一城守人眾公議餉兵其少有力
者兩家輪流不得慳吝推諉以取罪戾 一四門四角
重地專任有司武職協同以在城鄉紳謀畫指揮悉聽
約束 一敵在近郊貧民勢必乏食擇日約眾鄉紳並
富民公議某家糶若干石並議定價值不使措勒致使
不堪 一賣官柴查官房棚廠倒塌無用者悉令拆毀

劈柴出賣每觔定價銀二分　一四大樓前各壘牆一堵以護樓門樓中坐臥可恃無恐　一城下四門外大壘大牆以護城門周圍亦壘矮牆以護避難諸人一南北二門各執千觔鐵葉牐一具上用大繩引繫滑車以便啟閉提撥

十八日賊抵梁州

前十一月賊赴援過梁時朱守知其必叛以牛酒厚享於郊賊甚德之至是賊回遣人向朱守曰朱上臺勿恐前厚享之恩終不敢忘也秋毫無犯而去

陳冠山曰朱太常聞賊連陷六城巡撫余大成防撫孫元化以招安自愚知賊將至預爲之備至是見城猝難拔暫舍而之登耳賊豈不忘恩者哉

五年正月初六日原任吏部考功司郎中張炌至自京師張時左遷浙江藩幕甫入門朱守馳往謁之告以巡撫余大成聞登州失守提兵在府旬日殊無東意而參將奈五化者日與賊通且濟南鋒營兵日索犒無餉恐內變幸公一言張即謁余陳前事並請武德道徐從治監軍留班軍守城余皆然之惟奈五化不即逐之以靖

細後徐從治至始收其兵丁馬匹逐之兗州

客兵謀爲亂

客兵訛言欲爲內應以夜舉流星爲號幸臨清營泄其機朱太守多方誠諭捐貲厚賞仍勸鄉紳犒之一面逐戸清查謹巷柵多設兵丁夜巡三令五申居民出戸者死至夜兩見流星過天而城中闃然無一譁者

初七日斥逃城士庶

是日南門內欲逃城者蝟集或貴易賤服或女扮男裝朱太守以法斥之者三衆乃驚散

毁關廂祠廟

朱太守防其攻城與伏姦故也官紳各分汛守城後撫鎮亦分汛守城

十三日知府朱萬年分守南門

再禁逃城城下密釘木橛以絆馬後又檄掖縣挑選各社精銳鄉兵赴城列守又檄萊屬團練鄉兵以備不虞

朱太守出示曰共此城卽共此城安危無論權豪貴要敢有先去以爲民望者本府決不與之俱生闔郡凜然

附記　黄縣范祖公丁艱在籍聞登失守攜家移居萊城既見黄陷復欲出城西去因討取撫軍令箭提牌出

南門尚未成行朱公急赴院講云縉紳民所仰視不可
令去以爲民望當事以爲范宦客居不可以鄉紳論朱
公脫冠擲地曰老六人祗管得卑職官籤難管卑職封
疆今日之事卑職一身任之請老大人勿爲越位之謀
吉舉率生員二十人各持猛棍諭曰敢有出此門者打
死無論午後范宦率三十人擁男女轎二乘至門下諸
生舉手碎轎男女流血滿面扶掖而去
又北海張公聞登陷亦欲攜家就任朱公特出一示云
連日東信緊急百姓各欲逃遁張宦聞信連夜至萊共

守封疆論身家性命張宦與爾等自有輕重乃捨身倡
義以全城池本府不勝仰重自此張公不復思出矣
十五日內府翟昇以右軍至
昇至見一切防禦喜謂朱守曰都人咸稱公之才以今
觀之殆不虛也
余大成奪職尋逮治後戍遠衛
十七日以徐從治爲山東巡撫謝璉爲登萊巡撫
徐公素諳兵機朱守喜曰得此人吾萊生矣闔城兵民
俱歡

萊州道宋獻以憂去知府朱萬年署道事

二月初一日內府徐得時以左軍至

初二日總兵楊御蕃入城協守

前同總兵王洪將兵至洪敗退鎮濰縣御蕃振師入守

智勇無匹有全城功

初三日賊至萊州賊分兵陷平度知州陳所問州同盧宏允吏目房增偉死之後齊南鋒營中軍朱延祿襲回平度賊又來攻副將何惟忠戰死并屠窩鋪村殺義民張前渠一家

連日攻城朱守同諸將士禦之以後百計來攻互有殺

傷萊城無寧日矣

賊四出搶掠殺處士王琮　郭揚率鄉兵禦賊死之
陳冠山曰賊縱兵殺掠春鳥不巢栁子慕陵述朱公登
陴罵賊有寧殺我勿殺我百姓之語想卽此時也
兩撫告急並薦紳賈毓祥等公疏莊烈如不聞悲哉

十九日知府朱萬年發兵掩賊
昧爽南門朱太守發兵三十名突掩賊於睡夢中斬首
三級獲盔甲搶刀各一白鏹三錠首飾一包

二十一日神武左營參將彭有謨帥師入援
陳冠山曰彭將驍勇絕倫與楊鎮皆一時名將朱守嘔

心竭力多藉兩公保障淶非眞有鐵城有鐵知府鐵將軍耳

二十四日築重城是役眞後女牆告成之速上下一心萊可謂有是官有是民矣

前一日賊置礮隊道中城幾破彭將麾衆御之朱守率士民謝再造功遂斜起甬道取木几牀匱仰盛濕土囊外飾青布幔灰畫如磚形未幾賊攻外城崩齊湧入箭礮竝發死賊千餘酋詫曰奴乃有重城耶

二十九日發兵壞洞萊州衞百戶白仲仁死之

陳冠山曰仲仁礮傷腸出不與恤典與都司成欽命賊礮

打落右臂後持斷臂求敘當事曰無臂何能做官賊縛
眞保兵至棘呼曰大兵將到可堅守城立肢解之並未
查其姓名褒錄郭楊率鄉兵禦賊無一問其死者昌邑
逃鎮居然陞爵廕子其何以勸忠義之士乎
三月十三日知府朱萬年徵馬芻前勸有穀者減價平糶民無菜色今徵草得芻束而馬宿飽矣
謝韶石曰朱每事持籌計算靳惜上下呼爲掌家翁圖
城中事事不缺皆其力也
附記　是時民間草舍盡褫以待用城中柴價頓昂奉

伐各處樹株折各處廢署減價以濟民炊

十五日督理劉宇烈兵次昌邑後棄昌邑走三鎭俱逃

陳冠山曰宇烈身膺督師拯溺救焚所貴風行雷擊書兵至青州再書兵次昌邑畏賊如虎各鳥獸散萊圍忠義直盍與之共天地矣

四月初三日發兵擊賊聽用官王鏡死之

初九日都司鮑守正中礮死前朱守禱火神爲焚賊懟臺也援師早至海山亭[illegible]礮復能傷人乎

知府朱萬年製竹槍五百餘杆募銅鐵冶礮子仍令石工削圓石供礮用

十六日巡撫徐從治中彈死不死欲殺說撫都司仝鯨者必殺推官屈宜揚矣

朱守寧及難乎

二十一日撤守城諸生巡街柵

朱守恐久守兵罷夜行無禁乃撤諸生使各巡街柵役令學博逐夜督查城中安枕

五月初六日復議稱貸萊人醵餉議貸贍兵供役守城踴躍同仇眞禮教信義之邦

朱守從容致詞曰諸君以城爲命城苟不守則無家何有於財與其留以畀賊何如散以全身矧有貸務在猶寄之外帑也凡得金以次貯庫粟則書定價於票令歸

者持票買之出粟家不得意爲增減

十六日督師劉宇烈疏請撫賊戶部尚書畢自嚴侍郎劉重慶四川道御史王萬象各抗疏排之

二十三日發兵擊賊千總李夢果死之

二十七日督理劉宇烈復至昌邑提督陳洪範偕至

陳冠山曰前洪範統兵來援意實在撫故於凡來援兵無救於燹者概削不錄今與宇烈兩書懸其撫議成敗燹入危也

六月初五日戶部侍郎劉重慶四川道御史王萬象各上

疏請關寧兵賊殺人如麻焚燒盡掘兩公塚督鎮誤國害民前後諸疏詞皆壯烈

七月初一日督理劉宇烈使都司程嘉訓來言撫事

陳冠山曰關寧兵已得俞旨遣將來援矣宇烈與謝撫書云撫事烈一身定之近而一時之唾罵遠而千載之是非俱非所計萬一賊就撫而大兵隨至主勦是非又不待千載矣謝撫前力拒張國臣而今聽宇烈彼時此時欲暫紓萊城之攻也豈真漫算而有一失耶

初六日巡撫謝璉知府朱萬年內府徐得時翟昇出城撫賊

出激或輪車奮戰或分兵掩殺不時縋人焚列砦奪器械賊亦死傷甚眾奈廟堂築室之謀無成邑邑遊魂撫議復起斷送忠烈於鋒鏑中然則朱太常等固死於叛國之賊而實死於叛政之賊如非劉重慶王萬象秦廷包胥之哭關甯兵遲一日不至賊發招黃及海濱居民備土袋二十萬臨城下萊尚有孑遺乎張北海曰謹隸國戚殺我東人至此嗚呼慘哉大軍雲集功罪甚明正宜殲大憝以奠忠魂誅有罪而雪義憤反使孔有德耿仲明蟹脫而劉宇烈余大成薄示遠竄維時流氛猖獗

依樣葫蘆朱季亡國之臣於茲決矣

朱太常傳　　趙吉士

萬年字鶴南黔之黎平人萬歷中舉於鄉歷官守萊州有惠政崇禎五年二月叛兵既陷登州乘勝來犯城中士民汹汹欲叛萬年下令嚴禁憑城固守被圍數月萬年飭守具給軍食未嘗乏絕外圍益急城中守禦益堅叛兵知城不可下又恐援兵四集數詭詞乞降當事信以爲然而不與其詐也命萬年往受之萬年曰叛兵殘破郡邑殺戮朝廷命吏自知蹈不赦律必無降理且未經大創其志甚驕往則徒損乎國威耳然知府食祿爲王臣此身固不敢惜

也毅然遂行果爲叛兵所執萬年詐之曰爾執我無益可以精騎從我呼守城者出降叛兵果以精騎五百擁萬年至城下萬年大呼曰我已被擒誓必死彼精騎盡在此可發炮擊之勿以我爲慮守將楊御蕃猶不忍萬年復頓足大呼叛兵怒將殺之大罵而死城上人見萬年已死遂發炮叛兵所擁精騎死過半其鋒頓挫事聞贈太常卿賜祭葬有司建祠官其一子而登撫謝璉與萬年同往亦被執監紀謝象三曰事平後予以朱君死事最烈請加優典以勵風化爲崇伯所阻幸聖明深鑒其忠卒贈廕廟祀如例

公論快之予仍建坊於南門外大書朱太守罵賊死難處以旌之

朱太常死事狀　　張謙宜

謙宜萊州府之膠州人往以應試至其父老猶能言朱太守事蓋崇禎庚午辛未間東事亦孔棘矣初毛文龍之在皮島其廝役曰孔有德遼人也冒軍功爲登州千總奉檄部兵四百備操山海關無紀律至濟南之新城擾逆旅主人雞則兵部郎王氏奴子也蔑武弁如糞土喝偪無狀不可堪有德鞭卒謝之奉厚值皆弗顧則卒頸荷校將青衣

詭門三日不省兵激怒遂反焚刦而東飢氓應之者萬人據萊郡攻圍之登州兵叛來附故無收討者賊勢益張時守萊州者朱公也有威惠得民一切渠搭干櫓火礟矢石餉給於府乃開庫取鎧仗擇可用者授白丁有不足甫啟口而輒應知公爲我謀也城峭而堅修自前守龍文明以起寇棄職及久攻不失乃追贈龍官朱公日夜在行間錄禦外賊未嘗不嚼齒奮袂手搏械器有被傷者親傳藥泣撫捫之人願効死故城不破事聞部議沓沓久不發兵獨謝彭有謨領二百人來援巡撫所調也力透重圍不能直

戰其下皆步卒工用刀牌少不足以當突騎則佐公守彭有幹略曉戎機公推心任之如睢陽之用南八云一日賊攻東南而陰掘東北彭指示公陣密不動數出窺我者其下必地道也度所至處懸竿縋礮石偏擊內馬道洞洞有聲者凡三所標記之彭時來伏聽鍬钁響漸近曰幾透矣公乃募民間瓮為竈數十沸雜油松香日夜伺之戒守者曰洞開灌之彭又使人貯石灰揭瀉入使目不得視賊死穴中者數百地道反填妥賊舁紅衣礮藏南關之火神廟距南門二里正平對穴牆穵燃之敵樓半碎公顧無恙[illegible]

大憾已又坎城西北隅埋火藥焉彭揣知告公公則內量空地斜起甬道取木八牀匱仰盛濕土囊外飾青布幔灰畫如磚形移萬人敵弓手於上未幾城夜崩賊湧入箭砲迸發殺死千餘酋詫曰奴乃有重城耶由是賊疲而民亦殫矣然公一勞之輒飲血讙呼賊合圍八閱月京師若弗聞會城中食盡屠牛馬雞狗及燅糠以餌捍圉者又竭至啖井泥鹽絕人黃無力倚陴如睡公憂之賊於城下乞撫曰得朱公要我即解甲已吏皆知其詐公毅然曰我不出民且死倘悔禍而姑緩其攻我取穀薪以自給亦可也為

緋衣金帶坐獲車下有兩賊前授公腕知有變回望大呼
曰賊不可信兒輩善守勿惜我遂大罵賊酋在南關邀相
見罵益厲遂被害於街西今立祠處也城上望見皆大哭
幾不守彭將軍撫之曰當爲公報仇殺賊愈於哭衆始輯
時防撫某公未蒞任亦阻圍中自失朱公勉出乘城賊以
殺良牧城不日下攻寖懈我得益爲繕備大家盡發餅錢
粟與城守者共之勢少定衆人劉鍾盛爲兵部侍郎至遼
哭朝堂發忿病死然後得調邊兵祖大壽爲正將兵至雖
孫恭郡猶不知彭將巡西門日下舂時賊擁兩旗西行圍

賊者多散立耳語彭曰救至矣向夜取大壅通底横懸而
號聽之隱隱聞嘶喊聲錚鏦啞傪而數者刀斫甲也起謂
左右我兵勝矣昧爽賊敗回營中甚囂日初升甲光閃爛
五千騎潮壓而下賊鳥獸竄則祖家兵至也追奔二十里
而回防撫出犒師養馬三日復進有德已據登州府祖兵
圍之亦三月賊刳人爲糧有德窘開水門乘船北遁東方
遂告捷凱旋事平乃晉公秩建祠春秋祭門樹綽楔刻聖
旨贈太常寺少卿東萊太守朱公萬年殉難處康熙九年
予拜祠下仰瞻遺像身不逾中人色黔微髭頰骨高而額

劃可四十許冠服儼然一老生司香言公初歿停屍小房
中守眎者公之故吏逼畫意私貌而藏之故塑工能不失
眞老生在城頭日侍公知公之親切者言及泣下曰眞父母
也後來知府柴望倡義捐修廟加閎麗而像設如舊郡人
四十月七日爲神忌辰歌舞牲醴倍官祭士女拜祈者日
萬以至今七十八年矣己丑八月晦公之鄉人劉縣尹鉞
待次京邸同寓太史志尹家向予詢公軼事始知公爲貴
州人黎平府人字鶴南由萬歷己酉鄉進士出身幼穎異
鄉先生龍起雷侯其過門挽袖問姓名戲之曰朱萬年年

炎月厄公擊袖嬉走答曰龍起雷雷打火燒似有定讖龍
翁嘆曰此子功名在我上惜不令終耳公之子名位元孫
四曾孫七皆以儒術世其家方公遇難時家累未從故予
孫不知東萊在何處因書所聞以慰孝思舊治士大夫之
責也其年月始末詳前刑部尚書張忻闉城日記同事各

官職盧宜表忠録

朱太常位業誌長新按原刻朱鼎作政無爲朱氏家譜鼎生永樂丙戌領宣德丙午科鄉薦歷官工部虞衡司郎中福建右參政卒於宏治己酉年八十四與太常遠不相及此文作者俟考

朱萬年字鶴南黎平人以萬曆鄉薦守東萊慷慨持大節
其國是日非每酒後耳熱語僚佐曰生作奇男子死爲烈

大夫是固余素志也崇禎四年登州援凌遊擊孔有德行至河間吳橋乏食千總李應元與父九成激兵變遂破陵縣臨邑商河齊東青城新城六縣無敢攖其鋒者朱萬年聞警爲守城具甚設亡何寇至出牛酒犒之去遂攻登登陷事聞逮撫孫元化標將張燾命巡撫余大成總兵楊御蕃領兵會勦余至萊朱太守問攻守計余默不言惟日誦經而已既而監軍道徐從治至徐素知兵者太守喜曰得此人吾萊生矣上知余大成逗留逮之即晉從治山東巡撫謝璉登萊巡撫入援會東征兵敗王洪逸去楊御蕃猶

振師入萊二月寇圍萊城屢攻屢卻未幾參將彭有謨領川兵浮海而至彭楊協力守禦寇築砲臺鑿窟洞數十次皆以計焚退之朱太守時時持醪犒將士以故主客兵皆樂爲盡力云督理劉宇烈提兵至畏寇不進輜重八百車俱爲寇所焚將鄧玘亦逃去四月十六日徐從治首中炮死朱萬年亦焦心如焚日夜登陴恐久而懈且慮有姦細爲之內應者先是兵部主事張國臣遼人也捧兵部熊明遇檄講撫未成萊推官屈宜楊入寇營講撫總兵陳弘範統昌平兵至亦受樞意主撫者也是時鄉紳左副都御史

賈毓祥等痛援兵逡巡上公疏告急且寓書劉重慶言某城將陷狀重慶乃抗疏言劉宇烈奉命專征一籌莫展從沙河遁至昌邑甚敢爲賊代題者徒借屈宜揚之四欵以飾詞聳上聽耳御史王萬象亦上言張國臣屈宜揚相繼言撫而賊攻日急是明以撫誘我而暗以兵襲我也疏下部議不果劉重慶王萬象又交上疏極言朱萬年守死不易今圍久力竭食盡非急調薊國臣關寧兵不足解萊圍報可調關寧兵入援是時屈宜揚劉宇烈佯言撫事已奉俞旨七月初五日命朱萬年冉龍亭城外次日謝撫同朱

太守出城賊謬爲悔罪狀謝信之入城賈毓祥極言不可再出謝以迂腐目之初七日屆宣揚請出城讀詔朱萬年曰叛兵殘郡邑殺命吏自知不赦必無降理且未經大創其志驕甚再往徒損國威耳謝强之萬年曰知府食祿爲王臣此身固不敢惜也遂行謝又邀御蕃偕出御蕃曰總鎮惟知殺賊不知撫事既而讀詔畢謝出見賊賊睊目執璉并執萬年萬年給之曰執我無益可以精騎從我呼守門者出降賊如其言率精騎五百擁至城下萬年大呼曰我被賊欺誓必死彼精騎盡在此可發炮急擊之無顧我

奉旨撫賊　罵賊死難　顯靈殄寇　封贈寵錫

朱太常祀事記　萊州闔郡紳士

嗚呼萊自明興沐浴休洽士民安居樂業不知有兵革者二百七十餘年矣辛未吳橋兵變掠而東公適爲萊州守遂修戰守之備計儲峙調軍兵夙夜無暇壬申被圍八閱月城垂破者數次公同楊彭等禦之卒以完後議撫不果死之是歲七月七日也甫逾月而圍解惜乎萊城戶口數十萬致公之鬚眉幾枯心血幾竭而卒賴其力以全活而公不之見也閤登郡失陷主客居民凡億萬無孑遺其屠

戮剝炙之慘不忍言聞而萊之獲免者誰耶是安得而不爲之深泣也嗟夫天殆預計我萊城之變而賜之公也耶由今以思疇非公之力者當兵之西也公備牛酒犒賞民免騷動及至吳橋東旋攻陷七邑變起倉卒戰守未具自非先行欵諭緩曰時得以修備而萊烏可守迨其圍也日夜以攻之者無遺力焉自非公隨機應變謀同而斷獨不避勞不辭怨誠以格天信以孚人也而萊烏可守斯時奔圍城將士楊沂人藍楚人張趙人各統勁兵不相下自非公居中協和俾克同舟共濟無二心焉而萊烏可守抑兵

後來援兵凡數萬統集昌濰之間不敢渡河者累月及公遇難天子震怒改命督師閣寧兵至圍乃解自非公以死上感九重下厲諸將則兵之逍遙河上將不日不月矣而萊烏可守是公之生爲萊也死爲萊也則公之有功德於萊真可俎豆千秋也壬申距今廿餘歲其間之荒蕪者日以懇燹毀者日以葺治者日以老少者日以壯生子育孫室家完聚時經草代僻處海隅猶然一樂土焉然哉公之功德哉未盡知而盡憶之也先是朝廷嘉公烈賜璽書廟坊於死難處春秋致祭迄今鄉人於七月七日不過遵

循故事焉是可嘆也夫世之人不應祀而祀之者多矣揣其意不過祈福焉耳於大有福澤於我者不克思所以報之而乃他為干求冀受多祐噫何其愚也愚時過公祠指公像嘆公之大有造於我萊人而無以報也爰合同鄉於公之殉難日修祀事一牲一醴率其羣子弟歌詠瞻仰拜其像而告之曰凡我萊人不致靡有孑遺而修養生息獲安全之樂以至今日者皆公之力也則斯舉也烏可已耶天下事特患無倡之者爾有倡之者焉豈必無和之者乎是爲記順治庚寅仲秋七日

重修朱太常祠記

張合燡

唯郡之南有吾淶太守朱公諱萬年以殉難全城詔贈太常卿建坊立祠春秋致祭其來舊矣予嘗考祭禮云法施於民則祀之以死勤事則祀之以勞定國則祀之能禦大災捍大患則祀之此五者皆有功烈於民者也如公守城殉難一事洵於祭法之五者均有合焉公之忠在朝廷公之烈在封疆公之功在社稷生民公之名與天壤悶與不朽公之神與日星雲漢並其昭垂豈云一書辭所能述者哉惟即合於祭法者言之祭法所謂法施於民謂其捍禦

足以扶綱紀風頑懦也公爲臣克盡臣子之節居官無穢官守之責此非其爲法於天下可傳於後世者乎公之合於祭法者一若乃以死勤事則公之舍生取義殺身成仁又其彰彰者矣當公之被執也罵不絕口身攖鋒刃面淋淋猶回顧城頭呼我百姓盡力守城我死必爲厲鬼以報國公死之後一月而救兵至三月而寇亡豈非公之英靈不泯必滅此而後愉快者乎公之合於祭法者二蓋於以幾定國人莫知公之功無莫盡不辨其功無天下當登黃之被陷也其鋒不可當而勢莫可遏設茲不能守必

長驅而無所底止公之守一城捍衛吉齊翼護神京社稷享靈長之福是誰之功也公之合於祭法者三至於能禦大災能捍大患則蔟之七月被圍八面環攻東北城角穴陷頃刻百雉築完敵眾蟻擁登陴而立咄嗟而退非公其誰禦之誰捍之哉公之合於祭法者又其四其五此所謂五者皆有功烈於民而報公之典所不容已者也迄今垂十餘載當年守城之績昭昭在人耳目維時在圍城中者固見而知之不在圍城中者亦聞而知之即後世未之聞見者讀睢陽傳文丞相歌韓文公廟碑如見公之行事至

今入公之廟不啻凜凜有生氣乃建廟既久又經風震之變廟貌頹壞不蔽風雨槩人意欲新之而未果遇浙杭雲巖柴公來守是郡謁公祠捐俸爲倡重新之用以表揚忠烈義也追叙功德仁也釐正祀典禮也嗣續千百世之永思信也一舉而數善備其有功於名教豈其微哉此役也爲郡守柴公望司馬來公坦別駕蕭公繼鋒邑侯王公光曙與郡人士之盛舉焉其鳩工始於康熙辛酉之七月告成於康熙壬戌之九月也

重修朱太常祠記　陳留武

朱公祠者贈太常卿鶴南先生遺像也先生黔之黎平人忠烈性成智謀素裕以孝廉歷官萊郡太守惠政不可枚舉明季孔賊亂幾陷萊州先生守禦百方凡八閱月卒以身死難而萊城以全事聞贈太常卿予祭葬仍命立祠以時致祭事詳郡志及平叛等書不贅述祠建於城之南郊畏壘甘棠所從來遠矣歷年既久遺容祠宇日漸傾頹眾紳士以修祠請嗚呼以先生之忠烈生有自來死有自往日星河嶽其氣方蓬勃而未可遏祠之興廢何加損於先生顧萊之人感遺澤而溯芳徽也不忍其祠之就湮雖捐

金釀費有所不惜固以見萊人之眷懷舊德然非先生惠澤入人之深忠烈感人之切烏能使萊人世世不忘如此也余自下車來心折先生之風者久矣今喜得諸人之請遂捐俸以爲諸人倡像之脫落者整葺之祠之傾圮者扶植之始事於康熙辛丑年九月告成於是年之十月不踰月丹艧輝煌煥然一新焉又以祠無產不可以久清查南北壇及四壕官地而被民侵種者各令退出凡得地五十五畝零八毫遴委道人常天禎承管祠宇而以此地贍之今而後人有所矜式即凡官茲土者亦可景仰高風於勿

替矣是爲記

朱太常死難傳記　　黃　秀

明崇禎五年二月山東兵譁饑卒萬人應之復與登州叛兵合登城遂陷勢甚張乘勝犯萊郡城中士民驚懼欲奔竄知府朱萬年平日有惠政得民心撫慰之憑城固守一切干櫓矢石火礮咸開庫以授而軍食未嘗乏絕日夜親歷行間凡被傷者涕出傳藥拊之與民死守故其城卒獲全巡撫聞之調蜀將彭某領兵二百爲援皆步卒不足禦鋭騎然彭有幹略一日賊攻城東南而陰掘東北彭謂朱

數窺我者莫下皆地道也以石偏擊之洞洞有聲者三伏聽響漸近爰募民間釜火沸雜油脂伺之復貯石灰於上洞開揚灰眯其目隨沃熱油脂灌賊死穴中者數百地道反塡矣賊舁紅衣礮碎敵樓之半城內人不爲動且坎城西北隅瘞火藥爲攻城計萬年與彭從內起甬道累木八牀櫃塡以土外張青布幔畫灰如磚形伏弩砲手其上未幾城隅崩賊蜂擁入箭砲並發死者無算賊詫爲重城討無復施會城中食盡和麩糠以餌捍圉者旣又竭至啖井泥自活人胥瘦瘁然賊以內禦尚堅城不能遽下又懼援

兵速至首尾受敵詭詞乞降且曰得朱公邀我即解甲衆
皆知其詐而當事獨信爲然命萬年往撫諭之萬年曰賊
殘郡邑戕命吏自知罪在不赦必無降理往則微軀無足
惜徒損國威耳然我不出如吾民何況我食祿爲王臣豈
敢惜死遂毅然請行果爲賊所執萬年紿之曰汝徒執我
奚益汝以驍騎隨我我呼守城者出從汝賊信之以騎兵
擁至城下萬年大呼曰我被賊擒彼騎兵盡在此可急發
炮碎之毋以我爲慮守城者猶不忍復頓足大呼賊怒將
殺之遂裂眦大罵賊而死城上見其死乃發炮擊賊所擁

騎兵死過半萊紳劉重慶爲兵部侍郎請於廟堂調邊兵
赴援賊聞之各鳥獸散東方遂平事聞贈太常寺卿賜祭
葬蔭一子命有司建祠以祀建坊南城外大書東萊太守
朱公萬年死難處萬年公諱也鶴南其字貴州黎平府人
萬歷己酉科舉人

萊州省祠記

曾孫　毓英

勅贈太常卿曾祖鶴南公諱萬年黎平人勝國時祖福自
南康徙居廬州府之無爲州從明太祖渡江以功世襲百
戶洪武十二年勅調率軍征黎平遂家焉凡十世而生先

太常幼穎異屹然有丈夫志萬歷己酉舉於鄉選定陶令有惠政入主倉政晉尚書省郎拜萊州太守曾孔有德叛所過焚掠遂圍萊先太常悉力捍禦賊計無所展得不陷然守已八閱月城中饑甚賊亦稍疲乞撫要之出左右虞其詐先太常曰吾開誠諭之果退則便我芻糗活此一城民毅然金帶緋衣出賊索餉四萬遂大罵死賊亂刃下時崇禎五年七月七日也越月餘萊圍解覓先太常屍漏不全時先祖位元年尚幼斂其餘歸葬黎平與元配曾祖母陳淑人合塚後天下鼎沸道路多梗先大人每課業暇言

及殉難事輒潸然泣下曰士君子成仁取義垂名青史固
屬快事不獲全屍歸葬爲子孫者殊覺抱憾繼以英復不
肖不能上進表揚先德常念先大人口囑諄諄頃刻不忘
己丑歲膠州張稚松先生所寄表忠録謂萊郡後有得先
太常骨者展視之心銘切丙午仲春逶迤水旱六千餘里
孟秋抵萊郡泣拜祠下明日即先太常忌辰郡人畢集歌
舞牲醴老幼羅拜不絶詢其軼事則娓娓稱述不置且有
言及澌下者英以未盡收遺骨請咸云先太常歸葬後更
獲一臂葉塑八像中嗚呼斯亦慘之極矣念先太常忠孝

節義澤被生民捐軀死難屍骸兩地即欲收之以歸父老力言再三謂朱太守生死爲我萊人所禱必應願勿輕動况巳入像九十餘年望之儼然忍毁而取之耶萊亦如公親子孫其遺骨與在黔無以異也遂祇敬書額聯致祭以歸其心終有不能釋然者爰記之

重修朱太常祠記

李中捷

聞之封疆之臣死守封疆以故張巡睢陽嚼齒裂首余闕安慶摧脰陷身卒皆視死如歸蹈難不顧皓皓乎與秋日嚴霜並烈也我萊郡太守朱公諱萬年字鶴南任茲三載

操稾四知方沛杜母之恩忽遭孔逆之變郊外戎馬豕突貐奔城中士民鳥驚魚駭斯時變起倉卒守禦維艱問軍需則輸輓莫繼詢士卒則組練乏人一郡有累卵之形萬姓同釜魚之勢而我公忠心貫日苦胆憂天攘袂釀金淚隨言落上書告急血從指流家曾環寺之薪人勤守陴之哭甚至八月之久而斗大孤城屹然如故者一皆我公艱難維持之力也奈朝中肉食寡謀閫外巾幗怯戰專意講撫諱言用兵我公戹比睢陽憑城堞而涕泣勢同邯鄲望援師以無從卞壺之請莫遍空頻鄒鑒霖雲之書雖達難

遣賀蘭傷哉城闉之雀鼠已空殘矣子骸之易析將爇內
阻外絕勢屬不支我公爲國躭憂甘心孤注啟門招降慷
慨請行身試鯨鯢之淵親入虎狼之穴捧宣尺一開諭再
三詎意孔賊輩豺聲已成鷹眼難化令言剸刃原無悔禍
之心龍勛回戈外著刲盟之志始而搖尾貼耳既則伸爪
磨牙咳唾一聲現出蛟螭妖孽軍壘半壁變成蜃霓露氛
斯時軸覆樞翻土崩瓦解魑魈逞長鎗大劍蝟集目前妖
魔之快馬輕刀叢擁身後而我公志堅金石氣勵風雷抑
面呼兒寧爲眞卿之死張鬚詈賊不屑毚狗之生熱血一

腔頭刻塗地浩氣萬丈羽化歸天傳美殺身成仁易稱致命遂志其我公之謂與嗚呼忠貞大節千載幾人我公殉難捐軀身附箕尾冷魄寸丹廿六抱孤忠之痛風車雲馬猶聞殺賊之聲氣壯山河光昭青史予蒞三復平叛之記爾歎我公氣節之正千秋俎豆照乎與日月爭光可也

朱太常家廟文　　黃鴻中

吾桑守黎平朱公之殉難也載於史列於志而詳見於表忠平叛諸記錄迄今且百二十餘禩矣官秩而祀之春秋匪懈伏臘村翁走其祠而薦一盃豆者趾相錯也七屬士子

以試事至郡者輒肅衣冠謁公像欷歔流涕慨然想見其爲人嗚呼忠節之感人如是耶當賊犯萊城時百道進攻公固守八月被誘不屈城卒以全說者或比之張睢陽然羅雀掘鼠誓厲鬼於江淮之蔽斷吭決脰保生靈於蹂躪之餘其於節則均哉公獨於萊有全城功宜吾萊之俎豆而不忘也乙巳春鴻觀學湖南晤公裔孫毓英於靖州讀公傳道殉難事悉乃吾鄉張進士稚松所撰述者詢其墓廟則毀於兵燹久矣將聚於族而創焉并以碑請嗟夫忠節之在人也不金石而固不土木而存不史策而榮不祠

宇而乘磅礡於日星河嶽之表而感泣於匹夫匹婦之心正氣之不泯固不在乎祠不祠也然而平原罵賊河北泣其壯烈文山殉宋湘南猶爲尸祝以今類古無往不然吾鄉人之於公百年而後跡往風微猶肖像拜舞之不遑而況於其子孫乎抑君子之祠其先也將以示孝焉祖有功宗有德不可毀也作而述之以示後之人象賢敬承於是乎在至於孤忠大節炳彪天壤則其垂模也彌大而其風厲也愈遠由是言之則朱氏之肆修家廟而碑以示後也尤有出於表忠平叛諸記錄外者不然明史具在郡志如

故忠節之感所在皆是也獨吾萊也乎哉

朱太常墓誌序

郝大成

聞之太上立德其次立功其次立言古所云三不朽也夫士自折節讀書以來嚋弗攘臂爭奇思奮青霄及守社稷理民人往往視百姓利病若越人視秦人之肥瘠一旦變起倉卒匪特胸鮮甲兵卽韜略素裕而衆畔心離有棄城遁耳當明之季山東孔有德兵叛攻萊州時開人朱公守萊有威德得民心日夜在行間與士卒共甘苦每禦外侮嚼齒奮袂聲色俱厲得人死力城以弗潰後東撫檄蜀將

彭有謨領二百人來援突圍入城賊勢方張彭有幹略佐公守爲持久計賊穿地道彭覺之以告公公乃募民間釜沸油松香伺洞開灌之又貯石灰揭瀉入使目不得視賊死穴中地道反塡賊舁紅衣礮碎敵樓公目視不瞬賊大慽已又坎城西北隅埋火藥欲燃之以崩城公量空地斜起前道取木几牀置仰盛濕土囊外飾青布幔灰畫如磚形移萬人敵弓手於上未幾城夜崩賊擁入箭砲迸發殺死千餘酋詫曰奴乃有重城耶賊合圍八閱月京師若罔聞城中至啖井泥人黃無力尚無一叛者賊計窘乃於城

下乞撫曰得朱公邀我即解甲公知其詐然念城中疲甚毅然以身試賊期緩攻及賊前援公乃回望大呼曰賊不可信兒輩善守勿惜我遂遇害於街西公既歿朝廷調邊兵祖大受爲正將援萊逐有德東方平晉公秩建祠春秋祭郡人以七月七日爲公忌辰士女拜祈者日萬計嗚呼盛哉公之歿今百餘年矣而厥德厥功萊人尸祝之甚宜道在民而中原士夫崇尚節氣可概見也乾隆壬申歲余來知開萊事開公桑梓邑也民有爭公之墓田來告者余之子孫敘公忠烈狀以訴余閱而豔之因勘至公墓荒烟

蔓草觸目驚心夫公之在山東廟貌血食與日月爭光兪發祥之地愚民蠶食葬其祖先竟與公聯壟而處雞鶩列鸞鳳之前將蹴踖不敢寧居夫子孫爲先人卜牛眠而使之日夜蹴踖孝子慈孫必不出此余周覽之下不禁笑閔人之刁而實愚也嗚呼節義者天地之經文章者道德之粹公之立德立功施於北方余北人也來宰是邦即爲公樹卓楔建祠宇何足以報公萬一謹飭公裔立貞珉於墓上編公之事表公之忠使開人知忠愛風節雖死猶生肄相奮勉易俗移風余不能以不文辭也後之覽者因公之

功德而怨余之文斯言其亦不朽也矣是爲序

朱太常墓誌銘　　　陳文政

忠烈狀有曠世相符者無不使人擊節余於開邑常論何文忠公與宋文信國公同及觀太常朱公寧異唐之張公巡乎睢陽江淮之障萊州青濟之障苟利國家死生以之城亡身亡張睢陽之死慘矣城存身亡朱太常何其烈乎試問萊圍中楊鎮御藩彭將有誤無恙耶脫不幸易東萊而睢陽安知不爲雷公萬春南公霽雲可謂男兒至撫軍謝公璉同被執不屈死則又許公遠之流亞也何曠世忠

烈相同若是哉太常殉難時何文忠公聞之拍案大呌曰
好事先被朱黑子占去憶兩公少時同學南泉山披覽張
睢陽傳文文山正氣歌當必共相擊節歎賞以故大埠擔
邊文忠公猶頌丞相衣帶之銘太常每語僚佐曰生作奇
男子死爲烈丈夫儼然張睢陽呼南八語也兩公忠肝義
膽直與唐宋爭烈矣墓皆在開邑郭外相去里許壬申歲
太常墓橫被雀角邑侯郝公大成勒石讃記更囑余作誌
銘余曰太常忠烈載之史詳於平叛記表忠録諸書近又
纂入開邑志明之夔州唐之睢陽雖千古庸夫孺子皆能

言之郎文人學士憑弔風烈得之簡編者不更愈於殘[illegible]
斷碣耶矧詞非黃絹空嘶孝女之碑墳有玉[illegible][illegible]可[illegible]
之墓何贊疵爲郡公曰有墓無誌銘蒿里思賢表辨將無
以禁樵採而宗鼯鼪爰進太常嗣孫尚英俊英詢其家世
子孫幷軼事括誌之太常姓朱氏名萬年字鶴南貴州黎
平人宋朱文公後裔祖福自南康徙居廬州府之無爲州
從明太祖以功封世襲百戶洪武十二年勅調率軍征黎
平遂家焉凡十世而生太常性孝友善讀書同里延尉龍
公起雷器重之堂兄孝廉萬化幼同就傅兄被責弟泣請

代弟受責而兄亦然日用常餐同坐乃食中萬歷已酉科第十名舉人任山東兗州府定陶縣知縣行取北京中城兵馬司陞戶部河南清吏司主事轉員外郎中特授萊州府知府歷任俸餘悉撒族人嘗語家人曰居家以節儉和睦爲先吾以身許國四方多故不知死所孔有德圍萊州駡賊死節事聞贈太常寺卿廕子位元入監孫四歸葬閔邑北郭與元配陳淑人合葬繇曰奇男子志烈丈夫腸守死不易一肩綱常萊祠巍煥黔壕就荒鄰侯北至勒石重光浮圖高峙曲水悠揚鬼神呵護忠節之圖

弔朱太常　掖縣趙士喆伯濬

朱季由來彊直名誓將七尺障孤城可憐功業隨流水爲賊猶堪比杲卿 長新按此詩原刻作趙吉士誤茲據平叛記改正

祭萊州守鶴南姪祠 明天啓甲子舉人崇禎甲戌進士歷官兵部武選司郎中無爲州人 朱芾煌 子袠玉瑠

徒來萊西門悲傷哀吾宗仗義還聖朝殺身保崇墉繩武節能取睢陽城未攻至今萊子國得完齊東封太守眞鐵骨節義恥龍鍾同鄉隆感典斯民懷遺蹤下馬泣君祠相杵罷隣舂貞珉表芳楔畫壁備軍容邈哉十年前郎署相過從題文吐白鳳合劍鳴蒼龍雅懷深予思朗月掛青松朱暉今不見孤竹表高峰 長新按此詩原刻朱昂名攻無爲朱氏家譜係朱芾煌作芾煌

於崇禎丁丑任山東樂安令故過萊祭祠詩中十年郎署之語蓋太常先官戶部常煌以會試至京時事也

讀表忠錄

東溪黃淑

先生系本紫陽派儒術專精舊有名屬對龍翁誇獨絕甚聲虎榜冠羣英西園擬作壘池秀東國簡爲保障卿德在吏民歌惠愛資兼文武厲忠清奈逢末劫偏多故肯使兕鋒漫肆橫隻手誓將天缺補壯懷忍看地維傾兵分四出有謀畫寇擾百旬無震驚妙運恩威常並用循環奇正互相生浚濠不讓平原築堅壁還同細柳營義動貔貅咸憤激氣吞狼虎莫猙獰推心客將皆男子誤國庸臣恨老傖

舍死非如溝瀆諒殺身詎等羽毛輕止緣國事重山岳致
惜臣躬爇鼎烹然血濺來堞乃固嚴頭斫去志彌貞蒸嘗
永享牲牢供父老猶深感泣誠回首當年斷舌事後先一
樣烈轟轟

弔萊州太守歌　　無爲族孫世球

錫屏山光陸離八舟江波逶迤靈氣鬱勃不可遏挺然篤
生我公忠節之奇姿一麾出守萊州郡寬猛相濟無不宜
布政優優及數載浹民髓兮淪民肌一朝濟南兵變起直
抵萊城勢莫支公曰天子命我保東海我命直與城共之

多方區畫作守禦躬擐甲冑共登陴嚼齒奮欲勵將士藥餌親傳衈瘡痍沸油地道糜賊肉晝城崛起縋神爲自從合圍八閱月餫糧將盡志不移賊紿公出願就撫公欲救民甘受欺回語守者無惜我罵賊斷脰眞如飴公命不辱畢賊手公靈日在城頭相護持坐待邊鄙援兵至終使生靈百萬免誅夷蕪人至今咸尸祝公靈赫赫浩無涯嗚呼我公今已矣光昭史册炳來茲誰不翹首深仰止況余宗黨豈得無榮施慷慨作歌誌大節但覺悲風怒雨淅淅撲書帷

弔萊州太守　濡須族孫　景賢

孤城抗敵卧戎衣，誰向睢陽頓解圍。東海霧蒸萊子國，南天雲擁大夫騑。百年俎豆民心切，萬古神威賊膽微。莫道成仁何自易，忠臣原視死如歸。

謁萊州朱太常祠　里人　胡　汧

罵賊亭前日欲昏，剛逢七夕奠忠魂。故園幾下墳頭淚，又向東萊濕舊痕。

弔朱太常　里人　龍紹儉

昔髮未燥日，仄聞朱太常。及今拜遺像，令我髀傍徨。鬚眉

等中人丹青非渺茫胡爲七尺軀敢作萬夫倡赫矣忠義
士正氣凜嚴霜强直本生性許國共存亡初銓定陶宰竹
馬聲洋洋清俸分家族丹心達彼蒼九重新誥命熊軾守
東方於時妖氛起四海正搶攘亂賊恣焚掠萊人罹禍殃
如不得人和何以固金湯開庫授軍器嚼齒奮戎行入援
彭將軍膽略與相當縋城擊隧道穴通貯灰揚晝幔爲重
城懸樓弓挽强固守逾八月食盡茹粃糠王師久不至自
分死鋒鋩賊狡佯乞撫慷慨赴疆場亦知去不回幸免萬
民戕罵賊亭猶在比烈張睢陽悠悠百世下青簡有餘光

弔朱太常墓　　里人張烜

皎皎孤忠貫太虛睢陽千載視何如東人不及臨青塚淚墮荒祠古柏疎

弔朱太常　　鶴野王達

危同懸卵守孤城八月全虧一臂撐望切破圍來蜀將念堅繫侮却萊兵灌油滅賊心曾碎解甲紿公力莫爭遐害銜西終慷慨至今凜凜尚如生

題朱太常遺像　　貴筑陳文敢

太守東萊烈丈夫任奴砍去好頭顱添毫類上尋常事拙

殺心肝入畫圖

重修朱太常墓　陳文政

皂蓋新題表墓門淚來何語慰忠魂年年七夕東回首都是圍中冢子孫

謁朱太常墓二首　陳文政

寒雨瀟瀟北郭村一邱蓬草亂黃昏萊人猶墮祠邊淚黔地邊侵墓下魂賴有簡編光日月空思樵牧護兒孫松楸石馬誰長在千古塵埋未怨論

賊莫殺民寧殺守城存何用復身存援軍蟹似心如劊敵

鴻張氣欲吞裹革疆塲安問骨結蒲邱壟慘招魂幾時

帶血常山舌化出青蓮認碧痕

弔朱太常墓　　　　里人　顧滋柳

烈烈英聲自挺奇孤城援絶力能支每思布置空遺憾豈

有猜疑尚可爲草發街西猶帶血猿啼郭北共含悲魂招

來國歸何晚愁殺荒墳伏臘時

拜朱太常墓　　　　里人　王永正

杯酒携來奠北邙晴溪斜繞帶垂楊尚流九曲忠臣淚曾

爲三齊烈士腸亂石一堆埋勁骨殘碑百讀味清香行人

古道頻來往共拜先生節義長

贈朱太常曾孫毓英　　東萊　郭志滄

徒行萬里訪高曾相見衹憑五夜燈三尺孤墳風裡散一腔碧血土中凝深秋冷月悲前事閒院黃花問老僧祖是忠臣孫孝子歸程休怕履堅冰

前題 二首　　東萊　張澐

彼此何由有此身尋根問幕拜忠臣君爲世廕三支秀我是萊城五代民九十年來沾雨露六千里外走風塵精英不逐曾孫去長愛東萊護掖人

國爾忘家年已深無端遊子忽驚臨空廚燈火思成夢繞膝黄花留贈金弓影常隨風北逐劍光肯與月西沉爽同石是英雄骨不用兒孫陌上尋

弔朱太常　　釋心怨

孤墳三尺枕荒邱蔓草迷離淚縱流寂寞淡隨明月影堅貞長抱古松秋芳徽百代垂青史峻節千山聽野謳篤騰常聞風雨夜歸從禪室哭萊州

侑神辭　　萊州闔郡

賢公在天兮未敢呼肆茲避兮乞曙惟遺靈兮覆吾居處

公之神兮寒雨問歌未闋兮泣潺湲忠臣孝子兮愴公顏公顏兮渥赭瞻昭格兮奠一巵風其肅肅兮雨亦洒神去來兮上下尚饗

朱公祠 萊州祠額

大節凌霄 萊守陳士鑛題

以身許國 萊守李楷率屬共題

重於泰山 濰水陳留武題

不可讓兮 東萊進士王壯圖題

伯仲張許 碑額 貫筑陳文政撰

坊 橫書明萊州太守朱公萬年殉難處皆書忠烈二大字 山東撫按司道府州縣公立

可知節比睢陽於今三十載雨雨風風猶時見攢刃突怒目張鬚之狀

莫怪泪如峴首試看億萬家老老幼幼亦孰非圍城内嘔心吐血之遺 門下士任唐臣敬題

血骨壯金湯烈丈夫七夕英魂千秋不老
甘泉流玉海奇男子一生事業萬古常新

竭力捍孤城一代勳名高掖水
英魂繞七夕千秋俎豆永萊山

奇男子以道殉身八月孤城留汗血
大丈夫舍生取義萬家七夕哭忠魂

致身七夕熊車已赤睢陽齒

抗節千秋麟閣猶青太史書

大節豈貪生熱血千秋流掖水

孤忠不懼死英魂七夕繞萊山

入月圍城糧幾絕矣晝勞目夜勞心運籌士卒軍糈猶不忘了遺鰥寡

四面禦敵困亦危哉左激楊右激彭鼓舞主賓義氣方留得故國河山

士君子以身許國自是青天懸白日

大丈夫視死如歸何妨碧血染黃沙

回首巳成往事徵兵調食事事如新歲月漸遙却恐史臣疏記録

轉眼又是經年白叟黃童年年欲哭河山仍舊終留遺像肅清高

捐軀保赤想當年罵賊英風死死生生都是一腔忠義 陳留武題

肖貌建祠看今日遺民餘愛蹌蹌濟濟永垂萬古蒸嘗

忠著干城允有光於青史

義綿血食以能保我黎民 李持題

生作奇男子

死爲烈丈夫　陳留武録公祠

七尺甘爲賊餌身可亡城必不可破金帶緋衣詰群兇以
悔禍愈激烈愈見從容誓節捐生只落得保障東民留正
氣　碑聯

千秋合報家尸祠長在墓自應長存寒烟衰草鏈片石而
垂忠極荒凉極增光顯芳徽隔代又誰知表揚南國遇賢
侯　陳文政題

竭力捍孤城百折不回耿耿丹衷昭日月
勞心保赤子一死何惜巍巍浩氣遏風雲　世孫鏕英敬題

戸部右侍郎劉重慶請關寧兵疏節畧

朱萬年千分拮据千分劬瘁守土之官守死不易此亦一奇男子也

禮部尚書李康先等請卹死事諸臣疏節略

其時罵賊而碎屍城下者知府朱萬年也

兵部尚書張鳳翼等題卹死事諸臣疏節略

愷悌得民咄嗟集事民效死不去身一往不還者知萊朱萬年也

東萊張霖公雜記

賊將至宴紳士於南城敵樓盟曰今日與諸君飲明日便是太守行軍一毫不能借願諸君愼之

彭將軍入援城中疑懼不納公曰生力兵來此天贊我也相其來勢血戰不休必非奸人請納之然猶置之甕城中其兵以頭盔煮飯公力保其無他乃令登城受事軍容甚盛士民觀者如堵無不喜躍

茲生員王占伯云族弟邊城充軍携回火藥罐子名萬人敵請獻其法命造之及造成初試反傷我軍主帥以爲奸人命戮之公急救曰秀才不曾做過當令更爲之

又為又壞而又將死公又救之凡三為始可用傷賊甚眾

公在閩城中穿緞圓領汗背成黑色右袖因書寫撫物遂短一塊帽紗與竹胎離而不合日夜勞苦面目乾黑鬚髮焦短一日在街心分派事務有王生前致詞曰宗師面目恐將致病公曰吾若自愛汝輩死矣流淚上轎而去

公出楊鎮阻之公曰有濟足解倒懸之厄無濟則棄我一人而將軍可以完萊事臨發有張生口㪚公衣而諫

公疾走批落其齒不顧而去張生失其名

祭朱太常墓有序　貴州學政高密李師中

余萊屬人也髫年郡試時過前太守朱公殉難處拜於祠下郡父老言公事猶有泣下者今以校士至公里謹修薄奠以申寸誠更賛七言用當祭誄

海上危城舊不支聞公遺事動人思張睢陽絶援兵日顏杲卿當罵賊時骨冷秋風萊子國魂歸夜月竹王祠衣冠未遠青山在澗水溪毛一薦之

和督學李侍御弔朱太常元韻　貴東兵備道　屠嘉正

守土瀕危歎莫支孤城狗義豈三思萬家赤子全生日一片青山埋骨時東海巳先文烈死西原應共武鄉祠（武侯祠在黎平之西古州）鄭侯憑弔歌當哭耿耿忠魂載表之

前題恭步元韻　　開泰訓導陳文政

賊如悔禍力猶支一寸丹心百轉思仗節早堅殉節志請纓還定結纓時忠肩文烈先爭步義餉山陽後並祠莫恨當年臨虎穴城亡七尺又何之

步李學憲弔朱太常元韻　　錦屏知縣王達

大厦將傾勢莫支黃堂血碧動悲思一麾出守軀捐日半

壁孤撑力竭時烈氣已光青史筆忠魂應附黑神祠貴陽黑神廟祀南將軍萊陽家祭黎陽祀兩地芳馨共享之

前題　　錦邑　陳　善

獨掌孤城力莫支萊民奕世動哀思萇宏血噴捐軀日信
國歌傳致命時一片靈光揚魯殿千秋崇祀享黔祠海濱
睽隔邊疆遠迢遞芳名共仰之

恭紀憲恩敬步元韻　　嗣孫　朱正純

八月孤城一木支英風長繫後人思光分北塔雙雄影慟
絕東萊七夕時塚上棲魂先飲泣賊中墮臂舊留祠丹心

未了完軀地化鶴還應向海之

謁朱太常墓　　郡人趙世守

精忠寒食斷人腸亙古東萊節凜霜此日禁中無頗牧孤身海上有彭楊將軍切齒聞和議太守嘔心死戰場塚外浮圖横曲水芳鄰端不愧滄浪近陸滄浪先生墓

題前明朱太常遺像有序　　海寧沈毓蓀蘋濱

太常諱萬年字鶴南貴州黎平人明崇禎間官山東萊州知府殉孔有德之難贈太常寺卿今歲七月其裔孫某奉公遺像乞家蕺山觀察題詩觀察爲賦一絶云昔

年載筆承明日曾見平原罵賊圖遺貌千秋生氣在鬚眉奕奕後先符欲作次章爰未下筆余適過署囑續成之因代續二章云

忠奸身後聽公評不重丹青重汗青今日九原應雪涕高皇有筆續麟經原註前明殉節諸臣錄係高宗純皇帝欽定公名與焉孔有德入貳臣傳中

誠州宦跡六年中聞說雙忠臭味同原註藏山守黎平六載聞人稱公及何忠誠公少時讀書夙以忠義相期許云記得南泉山下路夕陽秋草哭英雄

原跋云脫稿後觀察因前一章有筆二字語氣欠壯復自作一絕云易名身後竟無聞誰表孤忠異代勛今日

九原應雪泖天朝華袞煥星雲惟第三句用余原本餘從本朝號諡着想自是臺閣手筆然拙作首句忠奸二字乘叛臣孔有德言故以麟經作結暗含褒貶兩晉觀察易名云云專說太常不及有德作此題而不詠臣奸於既死余心終不快也故仍存原本嘉慶戊寅仲秋上浣八日蘋濱居士自記於古州俞氏憩園介壽軒

守萊城有序　貴東道石屏朱雘丹木

弔朱烈愍公也公諱萬年字鶴南明崇禎初任山東萊州府知府登州游擊孔有德等率師援凌河過萊公知其必叛以牛酒享於郊孔至吳橋果反縱兵大掠破臨邑等六縣抵萊德公厚犒秋毫無犯去破登州乃還攻萊先是公聞變即警備示城守約二十五條井井有法

諭紳民曰共此城卽共安危權豪貴要有敢先去以爲民望者吾決不與之俱生黄縣范相寄居萊城率家人遂出公督諸生持猛棍擊之乃返人心粗定而山東巡撫徐公從治登萊巡撫謝公璉先後馳至兩撫蒞任三日賊兵已抵城下雲梯轒車百道環攻不得志則築礮臺高與城埒用大礮轟擊又穴地爲隧道欲以壞城皆焚御之最後隧道伏礮發城東北崩賊急攻幾陷總兵楊御蕃參將彭有謨力戰獲全於是纍木囊土於崩處爲重城間日開門出鋭卒搏戰屢有擒斬兵餉不繼公

集紳士於城隍廟稱貸剏得金萬八千有奇粟萬五百石繼得金七千八百馬無㑹公持簿沿門募得萬束度支供應籌算精核桀入呼爲掌家翁時援兵屢敗朝議主撫督師劉宇烈擁兵觀望城守雖堅賊攻益力萊州向無海市圍城中海市忽見俄而徐公中礮彈死公氣不少挫與謝楊彭諸公益修守備賊圍自二月至七月不解劉宇烈撫議成賊要公與謝出城開讀詔旨遂俱被執公紿賊以精騎擁公至城下招降賊信之公望城大呼曰我必死賊精騎在此可發礮急擊賊怒交刃之

公死而城上礮發賊騎殲馬時崇禎五年七月七日也公死後四十二日而邊兵至祖寬祖大弼等破賊解圍復登州事平贈公太常卿廕一子入監讀書國朝賜謚烈愍當時議者以爲萊不支則賊席捲全齊南走淮斷漕運北走燕窺神京天下事不可言矣乃竟以彈丸遏其兇焰賊不敢踰萊長驅卒就蕩平調度賴徐謝捍禦賴楊彭而與民効死衆心成城拮据兵食咄嗟集事者公之功也余讀毛荆石平叛記撮其大略如此公黔之黎平人余權貴東道篆黎平屬所轄境聞公

墓在府北郭外景仰忠烈遙奠以詩

萊州之城大如斗萊州之官朱太守叛兵未叛享牛酒叛兵回戈循城走登州已破哭聲哀萊城甫閉叛兵來徐公謝公兩將才三日巡撫何遽哉太守專城城守備聚糧治械絶奸細紳民同仇登陴堄敢棄城逃白梃斃賊藐孤城環而攻城堅不受衝車衝城高不讓雲梯崇礮臺天半隧地中城崩東北礮雷轟棚木飛土又崇墉總兵智勇參將雄出城殺蕆守城同心城還倚掌家翁集廟貸金金不竭沿門徵餉餉不缺裹瘡飲血六閱月中樞主撫外援絶上

方誰斬劉宇烈海蜃樓臺何明滅城樓彈濺徐公血牽牛織女訢離別太守開城與城訣身雖縛急心猶熱紿賊招降賊騎列大呼發礮刃飛雪賊騎焦爛公全節戰如風雨祖家兵破賊萊城復登城萊人不死公不生公茍偷生萊八阬何況無萊無濟青賊南犯淮北燕京不待甲申始亡明嗚呼一城拄天傾褒忠僅贈太常卿

贊前明萊州太守朱鶴南先生墓賦律代誄

古州廳同知登州 楊兆奎 雲甫

霜清北郭凍雲收星斗芒寒照古邱瘁踰葛躬權不屬壁

同蘇節命終休六千里臺形神聚三百日城生死愁猶憶叢祠歌舞地軍容四壁海天秋太守墓在黎平北郭外崇禎四年閏十一月孔有德叛自吳橋五年二月初三日返圍萊州七月初七日太守罵賊死八月十九日大兵至賊遁圍解太守屍不全遺孤殮其餘歸葬與德配陳淑人合塚 太守遇害於萊城衙西今立祠處殉國之先從吏有通畫意者私貌而藏之故立祠特塑工不失其眞並畫軍容於壁郡人以七夕爲太守忌日歌舞祀之

臣心鐵石郎堅城大廈終難獨力撐不有龔黃眞意氣何來韓白古忠誠齊軍風勁同憂樂蜀將機沈托死生巷陌子衿虔拜手如山細柳儼無驚營汛三山五衛弁兵俱聞警來城總兵官浙人楊御蕃智勇無匹亦入城協守有全城功神武營參將蜀人彭有謨有幹略曉戎機由海路入援公推心任之 太守慮

守者日久生疏撒守門諸生分巡街柵一日賊置礮隧道中城幾破彭庵兵却之太守率士民謝再造功

千家環雉災氛滲四野飛鴞毒霧冥杜老詩惟悲故國賈生策不感明廷蜺旌望斷遷延役虎帳聽殘般若經獨有守臣甘苦戰護軍從吏半零星賊四出搶掠殺處士王琮甚慘公急登陴有穽殺我勿殺百姓之語萊之京官侍郎劉重慶御史王萬象各上疏請兵詞皆悲壯莊烈如不聞督理劉宇烈率兵拯救緩行至青州又久次肖邑連旬不前畏賊如虎巡撫余大成至萊太守問戰守計余默不言惟日誦經而已太守以賊虐日甚不忍坐視屢發兵擊之聽用官王鏡都司鮑守正千總李夢果衛百戶白仲仁皆相繼殉國死諫神隨露布移祖生鞭易馬風馳醜顏城下要盟日瀝血閻中望捷時開府受欺龍失水元戎若免鳥知雌招安

議定忠良盡假手黃巾白刃施劉王兩京宦復上疏言太守守死不二今力竭食盡非急調闕寧兵不足解圍劉痛哭朝堂發忿病死然後得調邊兵祖大弼為將先是劉宇烈疏請撫賊兩京宦皆抗疏排之七月朔日宇烈寓書於登萊巡撫謝璉云撫賊專烈一身定之一時唾罵千載是非俱非所計萬一賊就撫而大兵隨至王劉是非又不待千載矣謝欲暫紓攻強允之太守與謝之不能待祖兵而死皆督理之主撫不剿有以迫之

緋衣金帶去堂堂不顧衙裾折齒愴殲賊恨終留武穆金城功已邁睢陽盡棺華袞遲南史竊位勳階妒北邙遺直獨存秋社曲渥丹心慰百年觴太守緋衣金帶將出見賊有張茂才口蔽太守太泣阻太守行疾落其齒不顧而去太守既殉國彭楊力守適彭巡西門見賊擁兩旂西行閭者多耳語驚顧彭自殺

至矣城可保矣越半月祖家兵潮湧而至賊連敗濱據登州事平後監紀謝三賓以太守死事最烈請加優典爲權貴所沮逮後大宗伯李康先疏有云罵賊而碎屍城下者朱萬年也大司馬張鳳翼疏亦云愷悌得民咄嗟集事民效死不去身一往不還者知府朱萬年也乃追贈太常卿命有司建祠春秋祀之郡人供牲醴士民拜祈者萬計衎神詞有云公顏兮渥赭睹昭格兮負一掌蓋公顏赭郡人覩死如生情見乎辭矣

恭閱先烈愍公事蹟附律七首

六世孫鳳翔小梧

脣齒登萊一望中援凌徵調竟何功吳橋變起驚豨突尤水波揚惜障空投餌聊施牛酒惠封丸獨備棘餉雄掌家瑣細皆心血百計方成守禦工

街西草色碧將枯七月圍中力久劬鼓角聲悲驚北斗雞猻望斷守東隅同仇幸結張南佀謂楊彭二將軍效死曾無庚癸呼莫道金湯須恃險全憑忠義與交孚

萬姓安危仗此城將傾大厦手能撑流星夜起軍懷詐狹巷風嚴士厲誠肥瘠視民應媿死謂范張二宦藩籬固我得延生劉王侍郎劉公重慶御史王公萬象皆萊人痌哭非私慮祇恐金甌遽易驚

森嚴兵甲夙羅胸要俾全齊慎囤封機密防川來穴蟻障旋畫幔訏神龍和衷有濟[illegible][illegible][illegible]局參謀挫賊鋒翹首

補撰何日至戊樓慘淡曉狼烽
壞雲莽莽壓郊坰海霧隨風作晝冥何忍青燐生白骨直
拌素志報彤廷先公恆有生作奇男子死爲烈丈夫語啖泥未懈成城志食
肉猶持解厄經不及河陽張亮智先備小艇巧施釘
固守危城節不移却來撫議機如馳魯陽奮欲回戈日許
遠懲當掘鼠時將吏沒身岩矢石督師無膽決雄雌誰知
兩疏顏爭抗王劉二京官上疏排和議鈇鉞何曾赫怒施督師劉宇烈偉弓遺戍
嶮巇綽楔表忠貞誤國推官論計呈屈宜揚奉和議詔謾惜結纓
終飲泣慘遺斷臂護全城要盟示怯憐開府謝撫軍璉同出撫賊罵

賊戕仁繼杲卿莫幸鯨鯢歸海溢廟堂此後未休兵事在崇禎辛未越十餘年即有甲申之變

題明朱烈愍公灤州守禦圖冊有序

貴州巡撫善化賀長齡耦庚

公名萬年黔之黎平人明末守灤州時登帥孔有德以師援大凌河過灤公察其有異志密爲備未幾果叛歸旋薄灤城且戰且守賊稍卻已而中旨詔撫賊公知其不可而撫絕望窮遂奉詔往誘賊至城下與俱燼焉公死四十二日而援兵至事聞贈太常卿我

朝賜謚烈愍萊人郎公死事處建祠祀之至今弗輟

嗚呼死國易守城難死以全守難上難（一解）萊城彈丸瀕海東叛帥回兵百道攻萊民何恃掌家翁（二解）（公爲守禦計甚悉故民稱之）以是守萊萊幸全賊亦倦攻將舍旃太守無困民命延奈何詔撫援兵不前（三解）噫吁嘻爲國捍圍但有劇更無撫但有戰更無堵盧公一疏可格二祖（四解）此議誰所倡招禍者鶴終嗣昌奇瑜文燦相皷揚㒸縱巨寇李與張以迄於明亡（五解）崇禎五年七月七日太守奉詔以撫被絓紿賊薄城急擊勿失公死圍緩援師乃至（六解）噫吁嘻謂撫

可諧援師胡來既詔援矣胡復遲迴孤城六月勁不摧天意特顯奇男才（公嘗言生作奇男子死爲烈丈夫）噫吁嘻天既才止爲又災止　七解

莪之西街公廟食黎之北郭公歸骨二百餘年神往來吾職風化宜有述碩夫廉懦夫立百世之下視此筆　八解

前題

貴州布政使　羅繞典　蘇溪

芙蓉島外天如墨淩河城灤烽烟寨吳橋夜半震妖星遼卒十千皆蟻賊浮脂未飽武昌魚戰血先飛燕子國偉哉朱太守丹青照顏色赤手障孤城雄心吞反側是時思陵

甚際陽九窮塌天敝日來羣兇中樞醉夢鼎足折羽檄紛馳天耳聾毛文龍死臏遺孽磨牙吮血東山東祇見長城隳徐勣北樓悲謝公隧道穿墉九幽黑礮車列炬千山紅點筆柱縱曲端鴿繫帛莫歸蘇武鴻壯士譙樓夜揮涕望援援絕終何濟豈無申包胥痛哭唇空敝豈無南霽雲斷指聲空厲六軍怯退任翱翔萬頸倒懸終待斃忽聞賊騎漸移營魏絳和戎事竟成弋藏兔窟險難測詔捧龍亭諾轉輕太守請行目眦裂譙議不隨劓誰決請劍難誅佞倖頭絕纓襟掉常山舌秋陰慘澹秋風腥刁斗不聞聞哭聲

吉驅象魏出狐穴手詔雷霆燼蟻城英魂上訴徹天聽三
路兵驅旗正正貔貅迅埽地軸平箕尾上乘天寓淨吁嗟
乎太守死萊城生誰翻敗局維神京太守祠明社屋誰破
金甌如摶殺貳臣餘餤還寒煙一代孤忠光汗竹畫壁猶
存守禦圖褒忠英聲歸圜錄七月七日簫鼓鳴萊城士女
拜城闉二百年來感遺愛絲繡平原無限情公靈彷彿知
未遠旌旗影照天船橫廟留一臂[illegible][illegible]長挽銀河洗甲
兵

前題　　吳振棫仲雲

萊州太守黎平朱百年重見守禦圖萊人寫贈重遺愛子孫永保如璠璵背我人祠看壁畫鬼護神呵常不壞祠前白石矗高坊指點城南古戰場溫序銜鬚氣寃憤杲卿罵賊詞慨慷吁嗟乎海風掀天烽火惡一腔熱血成方略孤城不破民更生太守之死死亦樂世間男子生要奇戰死亦得仰鬚留出城讀詔終被紿太守之死死可悲吾爲太守悲復爲思陵哭金湯萬里付庸才十七年中談撫局

錄舊作萊州三忠詩之一　吳振棫 仲雲

萊州一城如彈丸賊攻七月城獨完盟忠誓義經營慘能

合一城爲一膽賊氣方驕豈就撫徒損國威事何補受命而行就死所義不避死官守土以降誘賊賊不猜擁以精騎城下來大呼城頭速擊賊賊怒公詬刃横臆須臾烟燄蔽天黑五百精騎一礟殲桓桓智勇安可得死後猶虓虎猙魄君不見噀血罵賊血模糊常山睢陽後則無太守者誰烈丈夫萬年其名姓則朱

題朱太守禦圖後　貴州學政新建胡家玉小蘧

吳橋鼙鼓如雷吼一舉六城齊失守乘勝直犯東萊城昔日厚恩忘作酒監[illegible][illegible]變心[illegible][illegible]州公逃竄爲民望卓哉

太守奇男子誓與此城俱存亡賊兵四面轉攻擊守者愈堅攻愈急西望援師來不來回瞻士民垂涕泣可憐七月圍城中我軍力殫賊計窮伊誰帥師次昌邑坐視孤城危岌岌蛇驚鵠怖不敢前計惟上疏請撫戢從來狼虎豈能馴爭奈知府爲王臣杲卿斷舌何足惜拼教一命酬吾君秦廷幸有包胥哭始知撫議徒受辱祖家大兵潮壓來逆虜聞風心膽摧裘州圍解城無恙太守朱公安在哉人知罵賊隕公命詎知公死由執政樞廷早燭奸究情星催督理前進兵關帑徵調不日至烈士豈肯輕捐生東方已平

功罪定宜伸袞鉞剖忠佞余劉生寘典何輕太常寺卿空
賜贍況復逃鎖紛膺封鄰司斷臂不酬庸是非顛倒一至
此豪傑椎心何所從我一披圖一歎息公忠難表公心戚
憑弔古今幽恨多嗚呼豈獨蔡州役

前題　　貴州王考道州　何紹基子貞

定南方出師異志有先覺招撫矯詔書抗議識尤卓蟒衣
出南門忠義動風雹公死大軍來完城比完璞觀其戰守
計經緯如管樂誰敗乃公事同城多齟齬貞臣任不専時
事際復剁一臂祀千秋英魂在榱桷

題朱烈愍公表忠録後　貴陽知府吉安　周作楫小湖

青齊忠蹟感遺文公死如生姓字芬簫鼓祠前悲七夕烽烟城下泣孤軍舊圖戰伐猶存壁新長松楸尚有墳漫說桐鄉愛朱邑不堪高望暮天雲

題明滦州太守朱烈愍公守禦圖冊

貴筑　楊燁照蘭譜

海風猝起妖氛揚妖氛揚兮海市張牛酒犒師不肯歇六城齊破環裹陽羽檄紛馳徵調阻山東兩府來倉皇孤城付與一太守剜心誓衆同存亾無如衝車雷電掣膽敢掘

地恣披猖懸樓擊賊賊計盡闔六七月身獨當磚石弓刀
窮搜索兼計蒭茭與鹽糧析骨易子炊不出仰天無計掃
欃槍幸而民心死不解不惜鉅痛甘深創盼斷援兵遲不
至清人遠賦尋重契喪心宇烈王和議詔書一紙來何忙
來何忙開門迎詔暗悲傷此身被縶何足惜此心報國何
巾償敵能誘我我誘敵管教精銳同時戕祇祈蒸民得不
死區區一死無餘望君不見睢陽城外血化碧萇許戰亡
宿草芳何況垂死猶殺賊精光燭天萬丈長莫謂封功不
稱意誰人赫赫旌太常春秋廟食永不死得懲俎豆薦馨

看我披圖冊一展拜凜然生氣猶堂堂

前題

貴筑　周際華　石藩

黎陽城北一坏土生氣直冲天尺五醉酒而弔者何人掌家翁即萊州府萊州城大等彈丸百道雲車驟如雨二十五條嚴守約瀝膽披肝血縷縷豈無力戰健將軍（總兵楊御蕃參將彭有謨）籌備金湯獨心苦誓生誓死盟蒼天吳橋夜聽軍中鼓無端海市落城頭傷哉徐公幾無主（山東巡撫從治）縱有兵弁築重城芻茭糗糧何所取春徂秋兮心力竭何物督師（劉宇）烈甘不武邊兵未至詔書來一腔熱淚忠難補致命猶堅

殺賊心大喝一聲聾狼虎此時血濺侍中衣官無完軀民受擄祇今往事二百年猶聽萊民歌且舞披圖指點畫中人落落孤忠公首數多虧後起有賢孫厲節光芒照千古

前題　　　　貴陽　劉　煒心農

萊州太守黎平朱臣節何嶄大丈夫呵護有靈常不死天使雲礽傳歷圖圖傳歷歷如親覩戰守經綸曠代無常山之舌睢陽齒偉績豈僅在捐軀憶昔吳橋犒師日反狀先已知其後我生自命奇男子斯民斯士責誰受金湯籌畫在幾先臨機出策操全謀或禁先逃搖眾志或嚴奸慝懲

爲仇或排衆議任嫌怨或募金粟自勸搜虎狼窺覘智亦
竭彈丸孤城七閱月縱使援師甘逗留跳梁羣寇亦顛蹶
胡然撫詔來京師頓使孤忠無所施開門迎詔受虜辱熱
血一腔倩誰知嗚呼天意已如此聊起精騎與之死死後
吾民獲瓦全雖死吾身得吾志吁嗟乎公志壯兮公節苦
殺身成仁足千古至今尸祝掌家翁徒弔城頭一抔土

前題　　貴陽 王玥 夔湘

生作奇男子死爲烈丈夫嶽嶽奉常公言行眞合符公生
明季丁未造滄海孤城隻身保三年撫字萊州民一旦猖

狂叛將兵吳橋戰鼓天無色六城摧破始朝食直掃青齊
趨燕山犯闕不待米脂賊公奮鬚眉洞厥幾戈矛鋒刃士
熊羆熊糧芻茭貨泉集清野堅壁以待之賊來衝突大會
圖竭晝夜力攻無遺我公談笑一指揮城塡死鼠隍浮屍
左楊右彭桓桓資公以智勇度其宜經冬歷春秋又期賊
拔既窮無所施乃以受降蒙督師廟堂憒憒不堪恩詔昔
招撫甘受欺督師誰劉宇烈不肯一矢相加遺忍陷忠良
而誤國賊擁公來公大呼精騎在此擊勿失裂眥罵賊賊
始嗔白刃刃公罵不絕守陴哭血萬堞紅士女招魂淚濺

胃四十五日援師至城完獨少掌家翁吁嗟乎男兒讀書遼陽九此身受任非己有主持撫局衛何人宗社爲墟徒搔首赫赫中湘異姓王生同里閈公良友天乎人事竟難留何忠誠公絕命詩句共植綱常垂不朽秋人趨蹌遺像旁七月七日陳酒漿不拜黃姑拜太守公之精誠奪星芒

前題　　貴陽　陳炳極

鹿皮島縛毛文龍武人海上心洶洶東牟將軍遂懷貳山東之國先內訌大凌赴援尤膽裂且趨甲士化沙蟲不如去作降王長故家況在遼陽東萊州斗城守不易敢恃百

雉言言墉蹂之劉之須臾爾鉤連百道環梯衝是時萊民
駭魚爛誰其守者惟朱公公生五開奇男子仰天呵氣成
長虹城存與生亡與死崚嶒健骨撐蒼穹諭民無畏某在
此鐵甕詎受螻蟻攻霞舉虎旗光燗燗雷鳴鼉鼓聲逢逢
僕姑箭飛萬羽白干將劍拂千頭紅指揮麗譙甚閒暇緣
橦坎石技雖工敵氣不揚攻亦懈暫圖緊組明光宮忽然
丹詔貸敵死廟堂長策專和戎公馳一紙入敵壘開陳大
義聲洪鐘敵無悛志只示怯擁公城下羅羣蜂公呼守陴
亟擊賊吾身與城相始終敵如立殄吾甘殉咄哉南八眞

英雄孤臣碧血漬黃土叱咤列缺奔豐隆吁嗟有明敗撫局米脂逆李延安忠武陵再誤勢不救失機先坐永寧熊如公轟烈光日月御敵詎讓睢陽功東萊廟食五開祀牲牢肸蠁人心同　聖朝殊恩予烈愍直與天地無終窮後來雲從（何文烈公字雲從）互慷慨兩賢千載生英風

前題　　古州鎮總兵蒙古崇福

守禦臣心盡殉忠臣節完一死萊城固古今難上難

題朱烈愍公守萊圖冊并序

署古州廳訓導遵義鄭珍子尹

公名萬年字鶴南明黎平人累官知萊州府崇禎四年登州遊擊孔有德叛自五年二月初三日圍萊公百方拒之至七月初七日督師劉宇烈以僞詔撫孔軍紿公出城宣詔公與巡撫謝璉出被執罵賊死城南門外萊人即死處祠之歸其尸葬黎平北門外其一臂後刋萊人即以藏塑像中祠四壁並畫其時守禦事嘉慶乙丑公六世孫述文往省祠萊人臨壁爲四十冊前冠公像貽之歸道光乙巳八月其子晟奉冊乞題已無餘紙余爲大篆書冔其首即係詩當欵識云

秀才晟也至我前出櫝敬示一巨編云是其祖守萊革客
四十册萊人仿之祠壁求我言我思太常公張許同正氣
大書明史傳細載稗官記此圖題者又已備我復何能贊
一字晟也懇懇不可虛我觀册首闕署書爲檢以篆當楊
槃雖然冰斯一筆無太常察書應肯予焉知留此非我須
晟也藏去慎勿疎乃祖守萊守萊州身死城不失汝今守斯圖
當視乃祖守萊日吁嗟我愛忠孝圖此說鑿梁納楹亦已
拙楮墨長垂正無術晟不見武梁石室畫像今且殘還汝
此册爲之三喟然

七月七日偕同人敬展明蘇州太守家烈愍公墓阡恭賦三律 道光三十六年歲貢郡人朱品端樸邨

瑟瑟金風慘澹秋孤城殉難亂來州招降不屈心難死盡節捐生命肯偷罵賊如公屍竟碎遺民垂老淚紛流迎櫬歸葬須臾事指點崇碑萬古留

貸粟輸金萬苦辛掌家籌算賴孤臣深謀警守堪誅賊庸將分權枉保民不遇郭公空報國可憐許遠早忘身沅湘戰鼓山陽血忠義推公第一人

隧磯崩城最可虞累囊補葺舊規模望闕氣作擎天柱守

堞心如照乘珠人自靦顏持印綬公甘灑血濺街衢忠魂
此夕歸箕尾牛女驚看烈丈夫

弔朱太常　署黎平府知府昆明袁鴻基久山

誓守危城瘁鞠躬東萊全仗掌家翁督師已定招降策太
守空辜誘敵衷七夕女牛添淚雨五開猿鶴想英風
聖朝錫謚光泉壤華表魂歸故國中

前題　護古州鎮總兵武陵戚應洪曉亭

倒戟吳橋變驟生全憑捍禦障孤城督師畏賊千軍擁太
守扶危一臂撐金帶不妨頻碎裂茄檐方始慶生成自從

萊役談招撫寰海難休盜弄兵

前題

署下江廳通判華容張永煦初白

吳橋賊起環萊州太守力禦春徂秋一城獨作青齊屹然砥柱當中流多方捍圉嚴警備城圍六月完金甌督師畏賊請招撫矯旨陷公中奸謀風烟事往二百載遺蹟猶聽萊民謳我今作吏爭公里時艱頻見森戈矛代庖下江亦重地界連西粵稱荒陬城郭不完廨舍燼兵單餉絀民情偷桀驁犖若尚梗化開誠那得胥懷柔撫之洵難勦匪易亢戎何計抒勳猷低徊往昔惆悵食祿無乃貽公羞

奇男如公合仰止拔圖守禦眞良籌

前題　貴州候補通判雲夢李元鈞芸岩

烽火連天賊氣豪掌家翁不憚勤勞堅完萊國謀先定保障齊封算獨操奉詔自拼埋馬革捐軀詎肯等鴻毛可憐殉難全城日似比睢陽節更高

前題　湖南桃源候選訓導向文純樸初

稱貸何堪作度支掌家翁獨强撑持轞車百道環攻日釁木甄城力禦時憾煞督師招撫誤愁深邊帥解圍遲萊民不死身先喪俎豆千秋太守祠

弔朱烈愍公並題東萊守禦圖

道光二十三年歲貢邵人胡萬育仁山

食祿王臣孰與同此身不惜首推公全城保衆心堪白罵賊亡軀血染紅七夕萊民悲太守千秋史筆表孤忠神依箕尾歸天上猶作丹霄貫日虹

披閱當年守禦圖感公血戰久勤劬捐生常說奇男子誓死貞爲烈丈夫已任化猿還化鶴猶餘如火復如荼至今萊郡輝祠壁似此丹青絕代無

弔朱太常

道光丁酉科拔貢候選知縣古州人梅蘭香谷

先生竭力守孤城萬姓顛危一柱擎最恨議和招敵寇令解甲絕援兵街西血濺秋風冷萊嶺魂歸夜月明不滅亂臣心未了海濱千載陣雲橫

前題

道光丙午科舉人藍翎候選同知直隸州開泰姜吉瑞牧堂

太常節烈著萊州耿耿丹心孰可儔罵賊捐軀悲七夕成仁取義重千秋背君叛將生堪恨誤國奸臣死尚羞撫議已成關大局廟堂誰與奠金甌

前題

道光己酉科舉人藍翎候選同知直隸州黎平張熙齡鏡江

憾煞督師劉宇烈坐觀叛賊困孤城全虧太守緋衣出方

保東民比屋生守禦不堅萊子國解圍難待祖家兵常山斷舌同芳躅一樣丹忱照汗青

前題

花翎署柳霽營遊擊黎平姚廷楨撫垣

撫事明知未易圖招降奉詔竟捐軀至今埋血東萊地不愧奇男烈丈夫

前題

光祿寺署正銜選黃平州訓導黎平張大醕粹齋

萊守勛名紀太常吳橋叛逆敢猖狂專城重任憑誰寄危地生機矢獨當開府同心得徐謝將軍協力有彭楊誰知誤國談招撫遺恨無謀在廟堂

吊朱太常

署古州廳同知思恩縣人　方靈修　滌山

一聲鼙鼓起東關八月圍中歷苦艱得眾已堪同死守成仁何必定生還文星影落悲青史烽火烟凝瘁赭顏裂國河山仍是舊城南猶剩血痕斑

百道環攻萬戶愁嘔心公獨障萊州生將義憤消戎馬死有靈光射女牛四壁丹青圖守禦二東黔赤起歌謳掌家已去城猶在愧殺庸庸肉食流

絕糧竟啖井中泥蜃市蒼茫霧影低圍城中海市忽見狡兔已無三窟計賊百計薄城不下攻亦稍懈哀鴻賴有一枝棲設防警檄先縣

象賊未至公示城守約二十五條待命援旌苦望蜆欲溯當年罵賊處夕陽衰草滿街西

解圍難待祖家兵魂斷西風憾未平劉屈主和眞夢夢彭楊協力亦錚錚輕身賊壘無生氣巡撫謝璉同出被執濺血城樓有怒聲巡撫徐從治中彈死簫鼓靈祠公未遠海天一靜尚高撐

前題　開泰縣學教諭龔安　宋衔芳實生

萊園六月寇縱橫望斷援師淚幾傾大府招降眞誤國先生仗義為全城出因奉詔軀何惜死尚蘇兗賊自驚從古疆臣多殉節身亡守圉獨垂名

讀表忠錄有懷朱烈愍公　郡庠生顧立志雲逵

力障齊東保一城萬家生佛是先生俄驚和議悲傳檄空運良謀苦繕兵萊地遺民猶痛哭海天餘寇尚橫行堪憐罵賊完奇節每讀殘編慨有明

先烈愍公表忠錄重刊告成志感　十六世孫監生朱斌士均甫

先公仗節死東萊輯錄曾煩著作才今日遺編重校刻應知劫火不能灰乾隆癸酉陳冠山先生編次表忠錄刻版藏余家咸豐丙辰燬於苗變茲承諸公集貲重刻梓存均感

王臣食祿義何辭，已幸流芬百世知。猶有孤忠遲表揭，每披譜牒只增悲。（太常同堂兄正一公，諱萬化，崇禎癸酉舉人，家居不仕，甲申中國亡後自縊死，具載宗譜。）

續錄

護貴東觀察朱丹木先生暨楊雲甫邑侯弔先烈愍公詩序

黎平朱鳳翔曉吾

嗚呼忠節之感人有曠百世而如生者固以懿德之好古今同符而維其情深一往慷慨激昂發爲鴻篇鉅製以表彰於久遠則亦可卓然並垂不朽矣先烈愍公於崇禎五年致命殉國亡身存城距今二百餘載憶雍正丙午族祖毓英赴萊省廟萊紳士所贈詩篇已刻入表忠錄道嘉慶乙丑鳳翔署撫彝通判先君命從兄述文復至萊省廟時

守綦者與義鄧蘭溪先生再馨也捐俸修祠綦人士館從
號於祠內繪兩壁軍容於册所爲詩文各體皆備裝成以
歸然此固綦人高義亦感先公深仁遺澤故歷久而歌詠
弗忘也至於松楸之地落日寒煙罕有過而發其幽光者
矣何幸本年仲春護貴東觀察洒屏朱丹木先生夙閱平
叛記慨然有懷爰綠其顛末作守綦城古風一篇事核而
筆嚴格高而義著洵可作詩史讀矣權古州楊雲甫邑侯
前署開泰時曾設奠墓下賦七律五章代詠言皆徵實字
悉含悲非徒作弔古常談也嗚呼五言之妙豈不與先公

之功在明社卓然並垂不朽也哉夫以先公視死如歸詎料時代既更宿草蕭條之後得賢公祖賢父母爲之欷歔憑弔且使人知孤忠大節久而彌彰當亦快然於九原矣鳳翔不肖無以表揚先烈謹將冉木先生暨楊邑侯二詩恭錄付梓以垂久遠附鄙作於末非敢云繼聲也伏冀當代大人先生垂覽焉倘蒙惠賜琳瑯得以裒爲集錦豈啻家乘之光並增歿存之感也已時道光二十四年甲辰歲仲春月

閱明太常朱公守禦圖跋後　　貴筑朱　樹薔堂

烈愍公守萊禦難事冊內名作如林所以褒揚者至矣無
俟余言然公忠忱壯節照耀千古洵足爲吾宗光而且公
殉難後萊人得公一臂葬於塑像中吾父殉難時川人得
一足葬於潼川府今萊城有公祠川省有吾父墓何先後
之相同也嗚呼先烈如此爲子孫者當如何兢兢自守始
免貽宗祖羞披圖之餘不禁有所感觸而繼以懷惕也培

道光甲辰季秋月